高校英语及其课堂教学研究

盛普聪 著

延边大学出版社

图书在版编目（CIP）数据

高校英语及其课堂教学研究 / 盛普聪著. -- 延吉：延边大学出版社，2022.8
ISBN 978-7-230-03711-2

Ⅰ.①高… Ⅱ.①盛… Ⅲ.①英语－教学研究－高等学校 Ⅳ.①H319.3

中国版本图书馆CIP数据核字(2022)第150892号

高校英语及其课堂教学研究

著　　者：盛普聪
责任编辑：乔双莹
封面设计：正合文化
出版发行：延边大学出版社
社　　址：吉林省延吉市公园路977号　　邮　编：133002
网　　址：http://www.ydcbs.com　　E-mail：ydcbs@ydcbs.com
电　　话：0433-2732435　　传　真：0433-2732434
印　　刷：英格拉姆印刷(固安)有限公司
开　　本：710×1000　1/16
印　　张：13
字　　数：200 千字
版　　次：2022 年 8 月 第 1 版
印　　次：2023 年 1 月 第 1 次印刷
书　　号：ISBN 978-7-230-03711-2

定价：68.00元

前　言

随着经济全球化的不断发展，英语成为全球应用最为广泛的语言种类。高校是培养英语人才的重要场所，高校英语教学目标是培养学生的英语综合应用能力，特别是听说能力，使他们在今后的学习、工作和社会交往中能有效地用英语进行交际，同时增强其自主学习能力，提高其综合文化素养，以适应我国社会发展和国际交流的需要。课堂教学是高校英语教育的重要组成部分。目前，高校英语课堂教学亟须创新，与新时代发展环境相适应。

鉴于此，笔者撰写了本书，在内容编排上共设置五章：第一章作为本书论述的基础和前提，主要探讨高校英语教学的发展、高校英语教学的系统论、高校英语课堂的教学思维；第二章分析高校英语的听力教学、口语教学、阅读教学、写作教学；第三章论述英语的多模态教学模式、微课教学模式、翻转课堂教学模式；第四章梳理了英语课堂的自主学习方法、合作学习方法、探究学习方法、任务型学习法；第五章分别从高校英语课堂的教学优化、新媒体下的高校英语课堂、信息生态下的高校英语课堂、开放式英语课堂构建四个方面研究了高校英语课堂中的教学创新。全书体系完整、层次清晰，针对性、适用性、可读性与实用性较强，可以为从事高校英语教学工作的一线教师提供借鉴和启迪。

笔者在撰写本书的过程中参考了大量的文献，汲取了前辈的智慧，在此表示诚挚的谢意。由于笔者水平有限，加之时间仓促，书中难免存在不足之处，敬请广大读者批评指正。

盛普聪
2022 年 5 月

目　　录

第一章　高校英语教学概述 1

第一节　高校英语教学的发展 1
第二节　高校英语教学的系统论 10
第三节　高校英语课堂的教学思维 15

第二章　高校英语教学内容的解读 19

第一节　高校英语的听力教学 19
第二节　高校英语的口语教学 28
第三节　高校英语的阅读教学 41
第四节　高校英语的写作教学 54

第三章　高校英语课堂中的教学模式 66

第一节　英语多模态教学模式 66
第二节　英语微课教学模式 77
第三节　英语翻转课堂教学模式 92

第四章　高校英语课堂中的学习方法 127

第一节　英语课堂的自主学习方法 127
第二节　英语课堂的合作学习方法 133

第三节　英语课堂的自主合作探究学习方法 139

第四节　英语课堂的任务型学习法 142

第五章　高校英语课堂中的教学创新 163

第一节　高校英语课堂的教学优化创新 163

第二节　新媒体下的高校英语课堂创新 171

第三节　信息生态下的高校英语课堂创新 178

第四节　开放式英语课堂构建与创新策略 186

第五节　微时代背景下英语移动教学课堂创新 192

参考文献 200

第一章 高校英语教学概述

第一节 高校英语教学的发展

一、高校英语教学的发展历程

我国高校英语教学随着改革开放的深化而得到深入发展。总体而言，高校英语教学发展可以分为以下阶段。

（一）高校英语教学的起步

虽然在改革开放以前，我国已出现高校英语教学，但其规模和影响都比较小。因此，笔者认为，真正意义上的高校英语教学起始于20世纪70年代末。早期高校英语教学的目的势必与当时的社会发展阶段相适应，我国早期的《大学英语教学大纲》（1985版）对大学英语教学目的的规定是：培养学生具有较强的阅读能力、一定的听的能力、初步的写和说的能力，使学生能以英语为工具，获取专业所需要的信息，并为进一步提高英语水平打下较好的基础。1999年颁布了新一版的《大学英语教学大纲》，对大学英语教学目的作了新的要求，即培养学生具有较强的阅读能力和一定的听、说、写、译能力，使他们能用英语交流信息。虽然新大纲对大学英语教学的目的作了一定的调整，但从实质上看，两者都将英语作为"工具"，这符合当时尽快培养适应社会发展所急需的大量人才的要求。

在高校英语教学的起步发展时期，传统的教学模式占据着主导地位。高校英语教学以四、六级考试为导向，以传授基础语法知识为主要内容，以便学生能掌握一门为其他专业学科知识服务的有效"工具"。四、六级考试在高校英语教学中占据相当重要的地位，四、六级成绩（合格证书）成了衡量学生英语水平主要的标准，大多数高校都把四、六级通过率作为衡量英语教学质量的标尺。

在这一时期，高校英语教学能够通过大量的语法、阅读训练，使学生的读、写、译能力得到很大的提高。而高校英语教学为我国培养了大量掌握一定英语知识的外向型专业技术人才。但是，大学生的听说能力，尤其是口头表达能力没有得到应有的重视。随着社会整体发展水平的不断提高，高校英语教学改革势在必行。

（二）高校英语教学的改革

在 21 世纪初，随着我国改革开放的深化和发展，社会对英语的要求发生了很大变化。我国国际交流的广度和深度都是史无前例的，对各类人才的口头表达能力以及写作能力提出了更高的要求。与此相适应，我国对高校英语教学进行了改革。高校英语教学改革的主要目的是通过改革教学思想、内容、方法，改进教学手段，充分利用现代教育技术，完善教学评价体系，建立适应 21 世纪人才培养要求的高校英语教学体系，以及以培养学生自主学习能力为中心的立体化、多样化、个性化的教学模式。

高校英语教学的改革发展时期的主要特点包括：教育理念、教学目标发生转向，开始摒弃以培养学生阅读能力为中心的教学目标，强调听、说能力；在教学上，多媒体、网络等新技术的广泛应用，为教学理念的更新和教学手段的多样化提供了足够的条件和可能性；把四、六级证书与学位证，甚至毕业证挂钩的做法开始逐步被取消。

2004年发布的《大学英语课程教学要求（试行）》中提出了新的大学英语教学目标：培养学生的英语综合应用能力，特别是听说能力，使他们在今后工作和社会交往中能用英语有效地进行口头和书面的信息交流，同时提高他们的自主学习能力以及综合文化素养，以适应我国社会发展和国际交流的需要。

与《大学英语教学大纲》（1985版）相比，2004发布的《大学英语课程教学要求（试行）》增加了"同时增强其自主学习能力，提高综合文化素养"的内容。这是第一次把"提高综合文化素养"写入教学要求（大纲），标志着大学英语教学的功能定位开始出现转变。在此基础上，2007年发布的《大学英语课程教学要求》（已失效）指出："大学英语课程不仅是一门语言基础课程，也是拓宽知识、了解世界文化的素质教育课程，兼有工具性和人文性。"大学英语教学不再强调其单一的"工具"功能，开始探索其"工具"之外兼有的其他功能，即大学英语教学不仅仅是获取专业知识的"工具"，还是对大学生进行人文通识教育、提高大学生综合文化素养的一部分。

此外，我国还成立了大学英语教学改革联络办公室，为大学英语教学改革与交流提供了重要的平台。

这场改革对20世纪80年代初以来高校英语的教学理念、教学模式、教学目标及评估体系等方面产生了深刻影响。多元化的教学模式开始兴起，各高校开始尝试具有本校特色、符合本校实际、与本校学生基础水平相适应的英语教学模式和教学体系。

近年来，高校英语教学要想实现进一步改革和发展，就要充分利用好互联网的优势。高校英语教师要提高自己的综合教学能力,敢于转变教学方式,积极运用微课教学;在课后可以运用微信等平台,引导学生学习英语。互联网强大的资源共享能力和庞大的信息资源可以帮助学生从中获取有利的资源,从而提高学生的听、说、读、写能力。

二、高校英语教学的发展趋势

(一)语言教学整体化发展

整体语言教学强调语言的整体性,认为各语言要素的有机结合构成了语言整体,形成了丰富多彩的语义和一定的语言功能;强调口头语言(听、说)和书面语言(读、写)之间的互动性及内在联系;认为只有当学生认识到语言整体时,他们才能认识语言的本质。因此,在英语教学中,应先让学生在教师的启发下看到整体,然后逐步掌握教学内容,并且每一部分的学习都应有意义,而不应是无意义的机械操练。整体教学法的长处,主要包括以下几点:

第一,整体语言教学有利于培养学生运用语言进行交际的能力。传统的教学法把教学的重点集中在词义解释和句子的语法结构分析上,这种教学法有利于丰富学生的语言基础知识,但不利于提高学生的语言交际能力,也不利于学生对语言整体的把握。整体教学法主张以语篇为单位组织整体教学,词不离句,句不离篇,语言不脱离一定的语言环境,这样更有利于让学生认知语言。

第二,整体语言教学有利于学生积极主动地学习,逐步形成以学生为中心的课堂教学,从而激发学生学习英语的主动性和积极性。

第三,整体语言教学有利于创造一个和谐、自然的语言环境,让学生沉浸在交际的情景之中,为提高学生的听、说能力奠定坚实的基础。在整体语言教学中，教师可根据教材的内容来开展一系列的个人和团体活动，让学生置身于语言情境，从而达到培养学生交际能力的真正目的。

第四，整体语言教学不仅为提高学生听、说、读、写能力奠定扎实的基础，而且有利于培养学生的英语综合应用能力。目前，高校英语教学目标是培养学生的英语综合应用能力，特别是听说能力，使他们在今后的工作和社会交往中能用英语有效地进行口头和书面的信息交流。近年来，越来越多的教师也已意识到课堂教学应把培养和提高学生的英语综合应用能力作为重点。因此，整体教学法被越来越多的高校英语教师采用。

（二）教学内容综合化发展

教学内容的综合化是指英语教学内容不仅要包括语言知识和各种技能的综合教学，而且要包括社会文化知识和学习策略等方面的教学。形成这一趋势的原因，主要有两个：

第一，语言与社会文化紧密联系、不可分割。关于语言与文化的关系，人们逐渐达成了共识：一方面，语言是文化的主要载体，文化体现在语言之中；另一方面，语言与文化互为条件并互相依存，它们在互相作用中共同发展。

第二，学习策略研究的兴起。第二语言学习的成效与学习策略有关，除了主观努力与才能，第二语言学习成绩优秀的学生一般都有适合自己特点的学习策略。例如，他们一般都能有意识地利用实践的机会，积极练习，同时控制自己的学习情绪，努力掌握语言的意义和结构，监控自己的语言表达等。而学习成绩不太理想的学生往往不能自觉采用适合自己的学习策略，如不能充分利用一切学习语言的机会，或不能主动提高学习自信心等。近年来，个性化学习和自主学习等学习策略的研究带来了英语教学法的一次重大改革：它使得人们从长期以来一直研究"怎样教"转向研究"怎样学";它使得"学生主体"受到了前所未有的重视。高校英语教学以英语语言知识与应用技能、学习策略和跨文化交际为主要内容。

(三) 英语教学多元化发展

随着我国社会经济的发展以及基础阶段英语教育整体水平的提高,高校英语教学培养具有较高综合人文素养的合格公民的功能得到很大的提升。任何对高校英语教学功能的单一定位,都不能全面反映我国高校英语教学的现状。影响高校英语教学功能定位的因素很多。目前,我国高等教育,尤其是高校英语教学,存在地区差异、学校办学水平差异以及学生的个体差异。这些决定了不同地区、不同层次的学校和不同水平的学生对高校英语教学的需求是多元化的,因此也就决定了高校英语教学的功能定位不是单一的,而是多元的。高校英语教学的各种功能定位相辅相成、互为补充。高校英语教学功能定位的多元化决定了高校英语教学体系的多元化,包括课程体系和教学模式的多元化等,以适应不同地区、不同层次高校、不同水平学生的需要。

(四) 教学模式创新化发展

教学模式是在一定的教学思想或教学理论指导下,为了达到设定的教学目标而建立起来的教学活动框架体系。教学模式包含的要素有:教学理念、教学目标、教学方法、教学程序、教学支撑条件、教学评价方法和标准等。基于计算机和课堂的英语教学模式,是为了帮助我国大学生达到高校英语教学要求而设计的一种新型教学模式,它强调个性化教学与自主学习,可以充分发挥计算机帮助个体学习者反复进行语言训练,尤其是听说训练的功能。结合教师的课堂讲授和辅导，学生可以根据自己的特点、水平、时间，选择合适的学习内容和学习方法，借助计算机较快地提高英语综合应用能力，达到最佳学习效果。

基于计算机和课堂的英语教学模式的一大特点是突破了以教师讲课为主的单一的讲授型教学模式，其教学理念从过去的"以教师为中心"转向"以学生为中心"。基于这种教学理念，该教学模式强调体现学生在教学过程中的主体地位和教师在教学过程中的主导作用，大力挖掘学生的学习潜力，把英语学习活动扩展到课堂外，从而提高学习效率。

这种教学模式以现代教育技术和网络教学资源为支撑。现代教育技术，特别是计算机和网络技术，是实现该教学模式的基础条件。网络教学资源成为保证学生有足够语言训练机会的保障。

基于计算机和课堂的英语教学模式具有完整的系统性。这种教学模式是对高校英语教学的全方位改革，它的"新"不仅体现在教学方法上，而且体现在教学过程中的每一个环节中。在这种教学模式中，教师不仅要组织课堂教学，还要对学生的自主学习进行辅导。这种教学模式把教学内容分解为"课堂教学"和"自学+辅导"两个部分，以"课堂教学+自主学习+个性化辅导"的方式取代了单一的课堂教学方式，在不增加课堂教学时间的情况下，加大了学习量和学习强度，促进学生较快地提高英语综合应用能力，达到更佳的学习效果。

（五）英语教师专业化发展

在应用新型教学模式的过程中，教师的专业化发展是十分重要的内容。因为高水平的高校英语师资队伍，是确保高校英语教学改革成功的一个关键因素。

高校英语教师作为教学改革的践行者，必须通过学习提高自己的业务素质，才能在思想上和行动上跟上形势。"教师专业化发展"逐渐成为英语教学领域的一个热点。教师发展不再局限于教师教学技能的提高，而更加强调教师自身信念的增强、知识的丰富、反思能力的提升。越来越多的教师意识到自己应该不断反思自己的教学行为，评估自己的教学效果，开展行动研究，在此基础上形成并完善自己的信念体系，为教学提供更为科学、更加有效的指导。

在自主学习环境下，高校英语教师不仅是管理者、组织者，而且担任着辅导员、评估者、教材开发者、观察者和研究员等多重角色，这就需要其注重自身的专业化发展。

1.树立终身学习理念，明确专业发展目标

在高校英语教学任务日益复杂化、教学目标多元化、教学手段多样化的背景下，高校英语教师都应树立终身学习理念，明确专业发展目标，制订具体计划并逐步付诸实施，同时还要注重促进外部动机向内在动机的转化。以往学者在论述英语教师专业化发展时，大多忽视了对终身学习理念的分析，而这一点恰恰是最为重要的，这是高校英语教师通过各种途径实现自身专业发展的内在驱动力。

2.开展教育行动研究和反思性教学

所谓教育行动研究是教师在教学过程中，对自己的教学观念、所采用的教学方法以及由此产生的教学效果进行反思，在反思中重新审视自己的教学观念，探讨、研究和改进教学方法，以达到进一步提高教学效果和更新教学理念的目的。教育行动研究是教师自我反思的最高境界，它可以使教师在自我探索和协作发展的基础上，把自己的反思系统化并提高到理论的层次。从初步的反思成长到进行自己的行动研究，是教师自身专业化发展的明显标志，同时也成为教师终身发展和进步的保障。开展教育行动研究不仅能系统地反映反思性教学的特点，而且易于操作，对提高教学质量和促进高校英语教师专业化发展效果明显。

反思性教学是教师在教学实践中对自己的教学实践和教育教学理论，进行批判性反思的过程。在这个过程中，教师不断加深对教学活动规律的认识和理解，更新教学理念，优化教学方法。

这种批判性反思能使教师从感性和常规性的教学活动中解放出来，以不断更新的符合教学活动规律的教学理念指导教学行为和实践。反思性教学能给教师的专业化自主发展提供强大的推动力。在教学实践中进行反思性教学的手段有很多，例如，写教学日志、听课与观察、观看课堂录像、教师互评等。

3.构建专业化学习共同体

高校英语教师的专业化发展绝不是孤立的发展行为，因为个人的理论视野和创新能力总是有限的。教师间的互助合作不仅可加速教师专业化发展的进程，还可以克服教学环境中的负面影响。

构建高校英语教师专业化学习共同体是开展教师间互助合作十分有效的方式之一。相互信任、相互支持、积极合作、资源共享、持续探索的教师专业化学习共同体的建立，不仅有利于教师教育监控能力的发展，而且可使教师有机会与其他教师密切交往、互相学习，保持良好的人际关系，从而有益于教师的身心健康和专业提升。

建立大学英语教师学习共同体应持之以恒，立足教学、科研实际。共同体的发起者、组织者和推动者应对此项工作的重要性和必要性有前瞻性的认识。教师发展的过程是教师在教学实践中不断学习、反思、探索和实践的过程。在学校和教育机构创建专业化学习共同体，建立积极、合作、相互支持的同事关系，是教师持续发展的重要条件。除在本校教师间展开互助合作外，高校英语教师还应积极加入外语教育组织，通过参加学术会议和相关活动加快自身专业化发展的进程。近年来，我国较具影响力的出版社为英语教师在职培训作出了很大的努力，如举办各类专题培训和研修班等，为英语教师专业化发展提供了良好的平台。

4.不断提升语言技能，提高应用语言学理论素养

英语作为高校英语教师进行语言教学的媒介，在有效组织课堂教学、对学生进行高质量语言输入、激发学生的英语学习动机和兴趣方面发挥着重要作用。近年来，随着任务型教学法、交际法等以培养学生的语言交际能力为目标的教学方法不断地走进高校英语课堂，新的教学目标和教学方法对高校英语教师驾驭英语的能力的要求不断提高。对此，每一位高校英语教师都应该保持清醒的认识，在日常教学中通过不断学习来提高语言技能，提高应用语言学理论素养。

5.加强信息化教育技术能力的培养

各高校要广泛采用先进的信息技术，推动基于计算机的英语网络教学改革。高校英语教师只拥有扎实的语言基本功是远远不够的，还需要通过自我学习和专业培训不断提升信息化教育技术能力，从而确保新形势下高校英语教学的质量。

第二节　高校英语教学的系统论

语言教学是一项系统工程，是通过多种途径、采取多种手段培养学生灵活运用语言的能力的复杂过程。高校英语教学要培养学生具有较强的听、说、读、写、译能力，使他们能用英语交流信息。为了达到这一目标，教师在教学过程中应当把握培养学生综合运用英语交流信息的实际能力这一主旨，贯彻系统论的原则与方法，把听、说、读、写、译各方面的能力培养训练有机地结合起来，系统、综合、协调地运用各种手段开展教学活动。

系统论强调，系统是事物存在的普遍形式，是由相互联系、相互作用的若干部分组合而成的具有特定功能的有机整体。系统内各组成部分在功能上分工合作，使整个系统能完成特定的能量、信息、价值等转换功能。如果一个系统内的各组成部分之间处于和谐有序的状态，系统的整体功能就会大于各部分功能之和，形成既包括各组成部分的功能，又包括各组成部分交互作用产生新功能的整体效应。同时，一个系统与其外部环境又存在着交换能量、信息并互相影响的双向或多向的输出和输入关系，进而组成更大的系统。用系统论分析高校英语教学，至少应注意两点：一是注意从整体性、综合性原则出发，去把握听、说、读、写、译等各个教学内容，不能割裂它们的联系。因为英语应用能力是各种语言技能的综合反映，这些技能是相辅相成的。二是注意把握系统功能转换和开放原则，协调好学习者与语言学习环境之间的关系，并在此基础上，正确定位教师的作用，为学生创设良好的英语条件。

一、从整体功能上把握各种语言能力训练

系统的整体结构决定系统的转换功能，只有系统内各要素有机地组合成合理的结构，系统的整体功能才能大于各部分功能之和，体现整体效应。长期以来，高校英语教学一直存在各种语言能力训练相互脱节的现象，往往只注意教材之间的表层结构而忽略各种语言能力之间的深层结构，导致出现默单词、记句型、背课文、译文章互不搭界，听、说、读、写、译不能融为一体的弊病，从而使英语教学枯燥乏味，影响了学生综合能力和整体语言水平的提高。

语言学习的重心从表面上看是输入，实际上是吸收。语言输入要先转化为"语言吸收"，再转化为"语言习得"。而由输入向吸收的转化，要靠多种渠道、方法的合理配合才能实现。阅读当然是掌握语言知识、获取大量信息、提高语言应用能力的基础，是提高听、说、写、译诸能力的前提，但听、说、写、译之间以及它们与阅读之间在客观上存在双向或多向的互动关系，最后还是要体现在综合能力和整体水平的提高上。显而易见，上述诸能力中任何一种能力的偏废，都会导致英语学习的失败。在这里，应当特别注意的是，虽然在表面上看，读和听侧重输入，说、写、译侧重输出，但它们的功能并非单一的，它们之间的区别和界限是相对的，并不存在不可逾越的鸿沟。

提高语言吸收的效率要求语言输入和语言练习包含的语言功能要丰富，而能导致语言习得的语言输入至少有两个来源：一是外部来源，即教学与社会环境向学习者提供的语言输入；二是内部来源，也就是学习者自身产生的寻求语言交流的活动。从一定意义上来说，内部来源更为重要，因为输入只有被学习者主动吸收才能产生结果，才能显现出效率。这种行为实际上是输入的前提和保证，而这种行为的产生则是由于各种语言训练得当，整体语言能力提高后，语言教学这个系统所表现出的整体效应。近年来，一些高校进行的培育英语综合素质的教学试验就是这方面的有益尝试。

二、协调好学习者与学习环境的关系

因为系统与其环境及其他系统之间存在信息交流的互动关系，所以语言学习者只有将语言输入与语言输出以一种良性、协调的关系有机地组合在一起，把握并扩大语言教学系统的开放性，语言习得才能真正有效。要做到这一点，至少应具备三个条件：一是语言练习的量要大，范围要广，让学习者接触更广阔的空间，在尽可能大的环境内实现信息交流，因为语言输入的最佳内容是学习者身边的事物；二是要灵活地因人因时因地巩固习得；三是要创造条件，激发学习者在学习过程中积极预测和寻求信息交流的冲动，因为语言学习是一个自然的、本能的过程，只有条件适宜时，人的这种自然天性才能得到激发。因此，在英语教学过程中，教师要始终注意克服封闭和单向的不足，那种教师从书本到黑板，学生从黑板到作业本的教学模式，不利于英语教学的发展。

一切真知均来源于实践并经过实践的反复检验，实践的过程就是主观与客观之间、系统内各要素之间以及系统与环境之间进行信息交流和功能转换的过程。就英语学习而言，应当在输入和输出两个方面同时努力，甚至应当更注重输出。如果只有输入没有输出，这种输入就会变成灌注，最终会使本应自然、生动的习得过程变成被动的接受过程。只有主动输出才能更有效地接受输入，从而消化吸收。因此，不能沿袭过去长期存在的灌输式教学方法，而应努力加强学习者与学习环境之间的双向交流，不断提高学习者学习的主动性和自主性。在这方面有三个层次的语言学习环境可以开发：一是在课堂上最大限度地创造语言输入、输出的环境；二是充分利用诸如演讲、短剧、演唱等第二课堂；三是设置和利用与英语学习有直接或间接关系的隐性课程。

三、发挥教师的指导与媒介作用

系统内部以及系统与环境之间的信息交流，需要媒介在其中发挥作用。在英语教学中，教师既是学生学习的指导者，又是学生与语言学习环境之间的沟通者和媒介。因此，教师应当正确地为自己定位，真正担当学生学习的指导者和信息交流的媒介者。要扮演好这两个角色，掌握系统分析的方法至关重要。系统分析方法有两个明显的特点：一是综合考虑，全面分析；二是在具体问题具体分析的基础上，进一步做到系统问题系统解决。具体的工作程序包括：确定系统目标，对系统进行全面分析，找出相关因素并明确这些因素的结构与作用；分析系统内各要素之间的关系和顺序；确定关键因素，提出教学方案，并对各种方案作出评价和选择；实施教学方案并在实施过程中对教学方案进行检验和修正。

教学方案的实施过程就是语言教学系统内部及教学系统与外部环境之间的信息交流过程。在这一过程中，教师应当注意把握好三个关键环节：一是在课堂教学中采用多种手段，努力增加信息交流的频率。课堂中的交际越真实、越频繁，课堂环境学习就越近似于自然环境学习。因此，教师应尽力使课堂成为学生语言实践的场所，提高课堂教学模拟自然环境学习的程度。二是尽量创造条件，强化师生的互动关系，让学生有更多的"输出"机会，以便充分暴露学习中的问题，找出关键因素及解决的办法。同时，还可以采用如诊断性测试等辅助手段，发现更多的问题，从而创造更多的信息交流机会。三是注意开发第二课堂及隐性课程，扩大学习者与自然学习环境的接触面，使学生学习语言的自然天性得到更大的激发。这些做法有助于真正发挥教师应有的作用，提高学生的英语综合应用能力。

第三节　高校英语课堂的教学思维

现代教学思维对高校英语课堂具有重要作用，可以使教师更好地利用课堂教学时间，提高课堂教学效果，使学生在有效的时间内学到语言知识，掌握语言交际技巧。高校英语课堂是教师发挥主导作用的传授知识和与学生交流的平台，教师授课的成功与否与教师授课的思维模式和教学方法有着直接的关系，特别是在知识爆炸、科技迅速发展的今天，教师的授课思维模式及教学模式尤为重要。教师必须通过教学实践和学习同行的经验，更新教学理念，具备现代教学思维，以适应飞速发展的高校教学改革。高校英语课堂的教学思维包括以下几个方面（图1-1）。

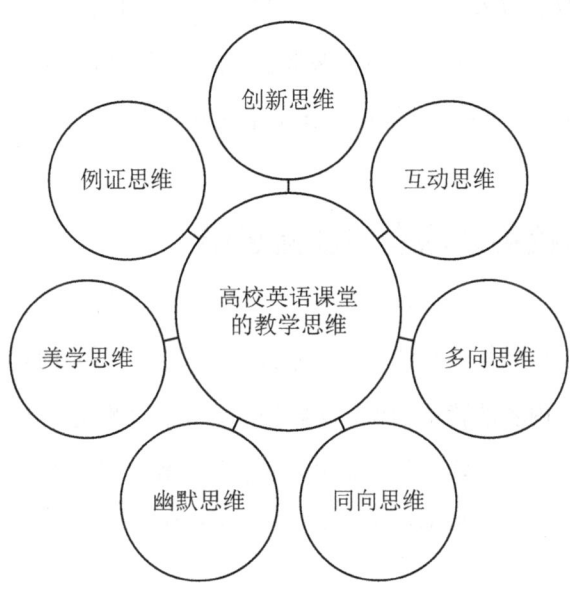

图1-1　高校英语课堂的教学思维

一、高校英语课堂的创新思维

先进的教育理念倡导创新教育，即教师要有自己特有的思维方式。高校英语课堂教学具有一定的特殊性和目的性，因此教师需要掌握该学科中具有规律性的东西，从不同的思维角度来讲述语言的交际形式，从而把学生带进一个全方位创新的思维意境之中。

二、高校英语课堂的互动思维

高校英语课堂教学不应是枯燥单一的语言教学，教与学双方的积极互动能够产生良好的教学效果。具体做法有：教师可以让学生作某一主题的简短演讲，由教师或同学来评述；采用对话式课堂教学法，即教师提问，学生回答，或学生提问，教师回答；等等。这样可以让学生在互动中活跃思维，掌握语言知识。

三、高校英语课堂的多向思维

多向思维是指教师要在课堂教学中注意用多方向联系的观点，根据课堂内容不断引出讲授内容的背景知识、交际技巧、语言实践等，来说明所教授的语言内容以及词汇用法。只有学会运用多向思维，教师在课堂教学中的讲授才能更灵活，学生才能一直处于积极参与、主动学习的状态。

四、高校英语课堂的幽默思维

幽默思维是最受学生欢迎的一种思维方式，它会使课堂处在一种轻松愉快的氛围中。教师一方面可以运用英语小故事、小笑话等来讲解语言难点和文化背景知识；另一方面还可以请学生以表演的形式来解释所学的内容，从而使原本比较枯燥的学习变成一种享受。

五、高校英语课堂的美学思维

美学思维模式主要体现在：第一，语言应用。教师要运用丰富多彩、充满智慧的言语表达，充分体现语言的魅力。第二，教师的身势语要得体大方。第三，讲台就是舞台，学生就是观众，所以教师的穿着要整洁大方，神情要随着教授内容的变化而变化，要激发学生听课的兴趣和积极参与的主动性。第四，板书与电化教学。板书设计要合理，书写要工整美观，重点之处应特殊标明。若条件允许，则可以运用多媒体课件，彩色屏幕会增添良好的视觉效果。

六、高校英语课堂的例证思维

例证思维就是采取"已知"的语言知识，提出"未知"的新知识点，这是符合人类认知规律的。在英语教学中，教师应该用已学过的语言点引出未学过的新语言点。具体做法是启发学生用熟悉的实践中能灵活运用的语言知识和交际技巧来学习和掌握新的语法结构、词语的搭配用法等。

现代信息技术迅速发展，为高校英语教学的发展和改革提供了一个交流平台，为提高课堂的教学质量创造了有利的条件，与此同时也向高校英语教师提出了新的挑战。多媒体的运用、互联网的开通、现代教育网的构建等意味着学生不再局限于课堂教学，也不再局限于教师和课本，而是可以通过多种渠道、多种形式来获取知识，这也意味着在学习过程中学生的主体地位更加突出，教师的职能逐渐发生新的变化。如果教师仍然使用传统的教学方法和思维模式，势必会影响教学质量的提高，影响学生创新力的培养和发挥，因此教师必须学习新的教学理念，掌握新的教学思维模式，跟上教学改革的步伐。

第二章　高校英语教学内容的解读

第一节　高校英语的听力教学

语言是有声的交际工具，人们要进行语言交际活动，就必须能够听懂对方讲的话，否则，交际就无法进行。在英语的五大基本技能——听、说、读、写、译中，听被放在了首位。听力在整个英语学习过程中起着重要作用，听力水平直接影响着整体英语水平的提高。听力对语调、语音、词汇等基础知识的要求很高，如果学生的基础知识不扎实，而且对英美文化的了解太少，就不能够从语言中提取自己需要的信息，在听力理解上出现障碍。信息不仅仅是从语言结构中提取出来的，很大一部分也来自大脑中原有的信息。要想学好英语，提高听力水平，就必须对英语国家的历史文化、生活习惯和风土人情有一定的了解，避免理解障碍的出现。

语言与文化之间的关系密切，所有的语言都是在文化的基础上产生的，没有一种语言是凭空生成的。语言在反映一个国家、区域的文化的同时也会受到文化的影响。在当今的英语教学中，文化因素已经成为一种对教学质量具有重大影响的因素，因此教师应当重视听力材料中的文化因素，帮助学生从单纯的声音依赖中走出来，增强理解能力和表达能力。

一、高校英语的听力教学内容

在高校英语教学中，听力教学是至关重要的一个方面，它不仅对学生英语语言能力的提升有着重要的影响，而且对学生综合素质的提升有着重要的作用。一般来说，高校英语听力教学主要包括以下三方面的内容。

（一）听力知识

听力知识是学生英语听力技能形成的基础，因此应当作为英语听力教学的重点。一般来说，听力知识包括语音知识、语用知识、文化知识以及策略知识等诸多方面。

语音知识教学是听力知识教学的一个重要方面。在现实的交际过程中，由于发音、语调、重读等因素的影响，同一个句子往往会产生不同的意义，从而表达出交际者不同的意图。在语音教学的过程中，教师要重点强调英语的发音、语调、连读、重读等知识，只有掌握了这些基础内容，学生才能够不断提升自身的语音识别能力和反应能力。除此以外，教师在语音教学时还要从听音、重读、意群等方面对学生进行训练。教师既可以从词、句方面进行训练，也可以从段落、语篇方面进行训练。经过一段时间的训练之后，学生就能够适应英语表达习惯，并在潜移默化中提升自身的英语思维能力，进而实现英语素养的整体提升。

语用知识教学可以有效地帮助学生理解语言的意义，提升学生的理解能力。文化知识教学可以帮助学生了解不同的文化背景知识，从而帮助学生进行有效的跨文化交际。策略知识教学可以引导学生根据具体的听力任务和听力材料选择有效的策略，进而增强学生听力练习的针对性。

（二）听力技能

在英语听力教学中，听力技能的作用很大，如果学生具备了较高的听力技能，就能较快地实现跨文化交际。一般来说，听力技能主要包括以下几个方面。

1. 辨音能力

辨音能力包含多方面的内容，如音位的辨别、音质的辨别、意群的辨别、语调的辨别等。教师对学生进行辨音能力的训练，可以大大提升听力教学的有效性，也有助于学生听力理解能力的不断提升。

2. 交际信息辨别能力

交际信息辨别能力的主要内容有新信息指示语、转换指示语、例证指示语。这一能力的训练，可以有效地提升听力教学的针对性与有效性，进而提升学生理解话语的效率。

3. 细节理解能力

细节理解能力指的是从听力内容中获取具体信息的能力。细节理解能力的提升，可以有效地帮助学生在学习及考试中提升做题的准确率。

4. 选择注意力

选择注意力指的是根据听力理解的目的和重点对信息焦点进行选择的能力。选择注意力的提升，可以帮助学生快速地从不同类型的听力材料中提取信息焦点。

5. 大意理解能力

大意理解能力指的是理解谈话和独白的基本主题及主要意图的能力。这一能力的提升，可以有效地帮助学生从整体上把握话语的基本内容。

6. 记笔记能力

记笔记能力指的是能够依据听力的要求选择笔记记录方式的能力。学生如果具备了良好的记笔记能力，就能够在很大程度上提升听力记忆的效果。

在听力技能的教学过程中，教师需要明确一点，即学生的听力水平并不是在短时间内就能够提升的，因此教师必须有计划、有步骤地对学生进行训练，并根据学生的实际情况制订科学的训练方案，这样才能取得良好的效果。

（三）听力理解

从根本上来说，无论是英语听力知识教学，还是英语听力技能教学，最终都服务于英语听力理解。正如我们所知，同一语言由于交际者、使用目的等因素的影响往往会产生不同的意义，只有正确理解其中的意义，才能实现成功的交际。因此，听力理解教学便成为英语听力教学的重中之重，也成为难度较高的教学内容。听力理解教学的目的就在于使学生由对话语字面意义的理解上升为对内在意义的理解，从而实现学生英语综合能力的提升。一般来说，英语听力理解包括以下几个阶段：辨认、分析、重组、评价与应用。

1.辨认

辨认既包括语音的辨认、信息的辨认，也包括符号的辨认。虽然辨认在听力理解中处于最初的阶段，但它是最不容忽视的一个阶段，因为一旦学生不能有效地辨认自己所听到的内容，后面的几个阶段就根本无法展开，理解也就不存在了。

辨认有等级之分，一般来说，语音的辨认是最初级的辨认，而对说话人意图的辨认则是最高级的辨认。在训练学生的辨认能力时，教师可以综合采用多种方式进行，如正误辨认、句子排序等。

2.分析

在分析阶段，学生要把自己听到的内容转化到相应的图、表中。分析能力的训练要求是学生能够在话语中辨别出一定短语或者句型，进而对话语形成基本的理解。

3.重组

在重组阶段,学生应当能够用口头或书面方式把自己所听的内容用自己的语言表达出来。

4.评价与应用

评价与应用是听力理解的最后一个阶段。在评价与应用阶段,学生需要在辨认、分析与重组的基础上,用自己的语言对所获取的信息进行评价与应用。教师在听力理解的教学过程中,可以通过多种方式对学生的能力进行训练,如讨论、辩论等。

二、高校英语的听力教学原则

英语听力教学应尽力让学生全方位、多层次地接触不同层面的英语。英语听力课和阅读课以及写作课等有很大的不同,它要求学生充分运用自己的听觉器官,同时大脑要快速地运转来分析获取的信息,从而作出合理的判断。在练习英语听力的过程中,学生如果一直处于一种十分紧张的状态之中,就很有可能判断失误,从而降低听力学习的效率。教师可以引导学生通过具体的语言实践,了解和掌握各种文化背景知识。例如,通过影视作品、书本等渠道了解说英语的人的说话习惯和交流方式,这样会提高学生的学习兴趣,使学生减少听力理解的障碍和失误。高校英语听力教学遵循的原则主要包含以下三个方面(图2-1)。

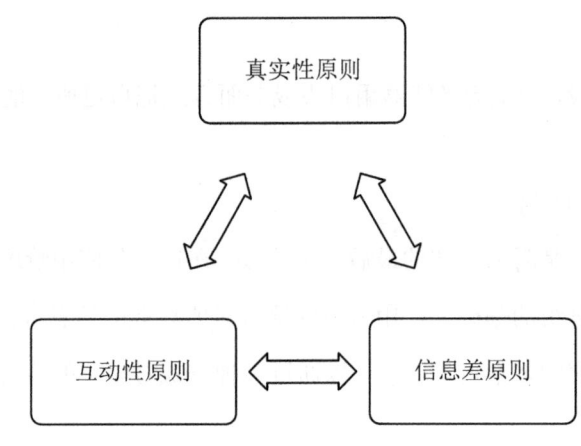

图 2-1　高校英语听力教学的原则

（一）英语听力教学的真实性原则

在英语听力教学中，教师应该保证教学任务设计或教学活动设计的真实性。具体而言，就是教师要明确听力教学应该在怎样的情景中发生。只有使语言与情景有效融合，才能实现交际的目的。如果没有真实性的情景，交际就很难顺利进行，语言知识与情景也很难融合在一起。教师应该从思想上意识到真实性原则在英语听力教学实施中的重要性，应该重视语言知识的情景性设计，鼓励学生不断适应新的情景，同时引导学生利用各种手段来理解语言知识情景。在此基础上，学生还应该学会将自己学习的语言知识与新的情景有效融合，从而构建知识中有情景、情景中有知识的多元化体系。

除此之外，需要强调的一点是，在英语教学中，绝对的真实性情景并不容易实现，这里强调的真实并不是绝对的真实，而是要尽可能地与现实生活贴近，或尽可能地为学生提供真实的交际情景。

（二）英语听力教学的信息差原则

信息差就是交际双方各自拥有的新信息。遵循英语听力教学的信息差原则必须以共享信息为基础。交际双方在共享信息的基础上，通过交流来获得各自所需要的新信息，这是交际双方交际的最终目的。在高校英语听力教学的过程中，教师应关注信息差，了解共享信息的基础作用，理解学生的交际需求，明确任务本身所要表达的意义或价值。

（三）英语听力教学的互动性原则

语言教学需要互动性，英语教学也不例外。在高校英语听力教学实施过程中，也应该注重互动性。互动性强调师生双方在交际过程中应是双向的，无论是对话还是讨论都是互动性的。具体到日常生活交际，最为常见的交际方式也是双向的。在互动中必然有合作，必然有交流。需要指出的是，互动还需要一定的条件，如话语常规、人际关系、交际需求等，只有这样才能保证互动是有意义的。与此同时，在互动过程中，为了能够保证互动的顺利性和有效性，互动双方还应该选择不同的语言交际形式，互动的过程是交际双方互相了解对方的过程，也是满足交际需求的过程。互动能够使交际双方更好地认识、理解和使用语言。

在高校英语听力教学过程中，互动是语言输出的基础，是信息交流的前提，是意义协商的保障，教师应该充分发挥互动的作用，采用多种方式鼓励学生主动发言、主动交流、积极提问、主动辩论等，这有利于学生从中感受到互动的乐趣，激发学生学习英语的兴趣。此外，教师应该将互动性贯穿于听力教学的整个过程中，多布置一些具有互动性的任务，鼓励学生积极参与互动活动，从而使学生更好地完成任务。

三、高校英语的听力教学策略

听力教学的目标是使学生能够恰当、灵活地使用各种听力技巧,最大限度地提高学生的听力理解能力。但是在真正的听的实践中,学生可能遇到各种困难。为了应对真实的交际环境,学生要尽可能地理解所听到的内容,分辨出相关的信息,了解主要内容,而非逐字逐句地理解。多听可以得到更多的语音输入,而语音输入是语言习得的基础,是交际互动的必要条件之一。教师要培养学生根据不同的语境、输入的信息和目的来进行调整的能力,帮助学生掌握系统的听力策略。

(一)听前阶段的策略

听前的准备阶段是英语听力训练的基础。

一方面,要选择合适的听力材料。听力材料的难度要根据学生的能力来确定,一般要与同步教材中的听力练习难度和语速差不多。如果所选听力材料过易,则不利于提高学生的听力水平;如果材料过难,则容易挫伤学生的积极性,使学生产生紧张感,从而影响听力水平的发挥。

另一方面,要制订适合的听力训练计划,按照由易到难的顺序,逐步提高学生的听力水平。计划目标应该是明确的,近期可达到的。

(二)听中阶段的策略

根据处理信息输入的不同方法来分类,包括自上而下和自下而上两种方法。自上而下的方法注重对材料的整体理解,包括抓主旨大意、预测、推理、总结等。教师应引导学生了解话题涉及的背景、上下文内容以及文章的类型和语言,在泛听时应抓住听力材料中一些标志性的词句,如材料的题目、每段的开头与结尾,以及文章结尾表明观点的陈述句。当要确定材料的主题、作者的观点、风格或明确文章的结构时,可以采用自上而下的方法。自下而上的方法注重对词和句子的理解,包括听具体细节、辨识单词等。

教师还要使学生养成良好的习惯。良好的听力习惯对听力水平的提高至关重要。良好的习惯主要有三个:一是边听边做笔记。学生不一定要记完整的单词,为了节省时间,可以记下自己能够理解的缩写符号,甚至是对应的中文。二是有选择地听与听力目的和任务有关的词语和信息,根据常识或上下文的信息来推断所听材料的意思。三是碰到生词或不懂的句子应学会跳过,继续往下听。有时候由于生词在整个谈话中不太重要,错过了这一个生词也不会影响对整个句子的理解。

(三)听后阶段的策略

听后阶段的自我评估、自我反省和自我调整对听力效果的影响很大,听后活动是听前活动与听中活动的延伸。

教师可以引导学生对自己的学习效果进行自评,也可以引导学生互相进行评价。例如,通过让学生相互检查、安排小组讨论等方式来检查听力教学的效果。在这一过程中,教师要引导学生进行自我反思,及时找出自己的不足之处并分析原因,然后根据实际情况对学习过程中所采用的策略进行调整,从而达到提高听力水平的目的。

第二节　高校英语的口语教学

口语是运用语言来表达思想、进行交际的一项技能。相较于书面语，口语是一种有声的语言，是语言输出的一种形式。口语与听力是密切相关的，是在听的基础上不断发展的。一般而言，口语的发展主要经历了三个阶段：在说的动机下产生了言语的雏形；发现了内在语言的构成要素；经过语言逐渐向外在语言转换。具体到英语这门语言，英语口语教学主要包含以下两个层面：

第一，口语技能的传授。简单而言，口语的技能就是口语的实际表达状态。口语技能的积累不断推动着学生说的能力的形成和发展。在英语教学中，口语的技能主要包含：①语音、语调是否正确；②词汇运用是否贴切；③语句结构是否与语言表达习惯相符；④语言表达是否简单明了。

第二，口语能力的提高。口语能力制约着口语技能。如果口语能力强，那么口语技能必然掌握得很牢固。

一、高校英语口语教学的理论支撑

（一）英语口语影响因素与语言体现

1.英语口语的影响因素

（1）语言因素

语言是由词汇、语音、语法构成的，足够的语言知识是口语表达的基础，掌握一些常用的习语和句型是必须的。每种语言都有一定数量的习语和基本句型，它们往往是一些常用的具有特定意义的句子、短语甚至单词，学习者要熟记它们，并学会在适当的时候使用，提高口语的流利程度。

（2）心理因素

口语表达是一个非常复杂的心理过程。要想顺利高效地完成这一过程，讲话者需要处于轻松的心理状况下且精力集中。紧张、恐惧、焦虑等不良情绪都会影响到口语表达的正常进行。

（3）背景知识因素

背景知识会影响学生的口语表达。要想具备良好的口语能力，学生需要了解相关的背景知识，如地理知识、历史知识、当地人的生活习惯等。

（4）文化因素

语言是交际的工具，同时语言的使用也是一种社会的规约。在不同的文化中，人们在何时、何地、向谁、采取何种方式、讲哪些内容都有固定的规则和习惯，学生需要学习并掌握这些规则和习惯，才能有效地使用语言进行交际。

2.英语口语的语言体现

口语是语言存在的基本形式，也是语言最活跃、最富有生命力的表现形式。英语口语的主要特点表现在它是有声的，主要作用于人的听觉系统，依靠语音的变化来表达意义，口语的节奏、重音、语速、语调等都可以表达丰富的意义。一个句子中一般有一个和多个调核，调核就是指一个语调组中说话人所要表达的最重要的单词的重读音节，一般充当句子的信息中心。调核位置的调整是一种常用的有效表达感情的方法。

（二）英语口语教学中的心理学理论

1.英语口语教学的心理机制分析

英语口语教学的心理机制主要包含由听到说、由不自主到自主、由想说到说明白这三个阶段。

（1）由听到说

无论是学习母语还是学习外语，都需要先听。听的准备越是充分，口语的学习就越是顺利。听的阶段是沉默的阶段，虽然不开口说，但是确实在为说的阶段进行酝酿。从听到说，是符合语言接受的客观规律的。如果听得好，学生的发音器官就会异常活跃，最终产生说的意愿。

（2）由不自主到自主

英语学习是一个从不自主到自主的过程，这在说的阶段表现得更为突出。起初，学生在说英语时总是将注意力放在语言形式上，无暇顾及词语、句子的意义；在与人对话的时候，学生也很难关注到对方说的内容，而只是被词句吸引，在这种情况下，学生的精神是相对比较紧张的，而且思路不清楚，这样的说也就变成了被动的、不自主的说。事实上，这是每一位英语学习者所必经的阶段。

但是，英语学习者通过坚持不懈的努力是可以将这种不自主状态转化成自主状态的。从不自主转化成自主的关键是口语经验的积累以及对话语环境的适应。因此，只要在客观上满足口语的条件，在主观上满足说的愿望，就一定可以达到自主。自主就是能够将自己的注意力集中于自己说的内容和对方说的内容上，而不是语言形式上，怎么想就怎么说，而不是先想好再说。不自主和自主属于心理的范畴，也属于语言的范畴。换言之，不自主和自主是没进入和进入说英语这一角色的问题。如果进入了角色，说英语时就会显得非常轻松自由，只要把自己的意愿说出来即可，而很少考虑所说的词语、句子是否符合语法规则。从这个意义上而言，自主又具有相对性。

（3）由想说到说明白

当一个人说话的时候，他会受到动机的影响，产生想说的念头，会将注意力集中于想说的内容之上,然后他会将想说的内容与语言联系起来。因为语速往往是比较快的,所以说话人要能灵活运用语言,随时对所需的语言材料进行记忆和检索,并且有足够的记忆来完成整个句子。因此,说话的过程不仅是一个想说、说哪些内容、怎么说的过程,更是一个不断调整、控制和修正的过程。

2.高校英语口语教学的心理过程

口语表达在听、说、读、写、译五项技能中属于产出性技能,是一种积极主动地表达思想的心理过程。言语产生包括两个主要的阶段:制订计划和执行计划。说话人首先根据交际目的制订说什么的计划,然后再执行所制订的计划。但是这两个阶段并不是截然分开的,在口语表达的过程中,说话人往往是先制订计划,然后在执行计划的同时制订新的计划。

(1) 制订计划

口语表达是一种目的性很强的活动,说话人总是为了实现一定的交际目的才进行口语表达,如获取信息、作出指令、提出要求、保持社会关系等。针对具体的交际目的,说话者要制订计划。

在制订计划的过程中,说话人需要考虑以下因素:

第一,对听话人的了解。说话人需要根据他对听话人的了解以及他与听话人之间的关系确定使用哪一种语体。与关系密切的人讲话和与陌生人讲话所采用的语体具有很大的差异。在谈话的过程中,有时还涉及第三方,怎样称呼第三方,也需要说话人根据他对听话人的了解而确定。

第二,合作原则。说话人期望听话人相信他们是遵循合作原则的,即会提供足够的信息,所说的话是真实的、与主题相关的,而且表达是清楚的。有意违反某一条准则,就会有别的说话意图。

第三,社会语境。听话人在不同的语境中以不同的身份出现,说话人会根据听话人身份的不同使用不同的语体。例如，两个人是好朋友，在单位又是上下级关系，那么他们在工作期间谈话所使用的语体往往要比下班后的谈话所使用的语体正式得多。另外，在不同的社会语境中，说话人也会根据环境的不同，例如在家里、在办公室或在学校等，选择不同的语体。在情景对话中：学生扮演不同角色，沉浸于意义建构的操练之中；教师引导学生根据角色和环境的不同运用不同的语体。

第四，供说话人使用的语言手段。有很多要表达的内容没有现成的说法，这就需要运用各种语言手段和非语言手段等把它们表达出来。另外，不同的交际方式也会影响到语言手段的使用。

根据语言的结构，计划的制订可以在语段计划和句子计划层面上进行。

第一，语段计划。说话人必须确定他要参加什么样的话语活动，如讲故事、和别人对话、描述一个事件、争论一个观点等，不同的语段具有不同的结构。一个故事需要包括时间、地点、人物、情节等不同的要素。而会话型的语段需要解决参与会话的人怎样使他们的话语相互配合的问题，以达到交际的目的。会话的过程涉及怎样开始一段会话，怎样进行讲话，怎样结束一段会话。要开始一段会话，说话人必须首先引起听话人的注意，并表达要进行会话的意图，从而构成一个召唤—回答序列。在这个序列里，教师可以提出会话的题目，也可以采取一种结束前的陈述，以表示话题谈得差不多了，来结束一段会话。

独白型语段也有独特的结构。说话人如果需要描述景物，就要解决以下问题：①在何种层面上进行描述，如可以先说"It's a very beautiful place."，然后对具体的景物细节进行描述；②包含在一个主题下的内容很多，说话人要确定哪些内容应该包括在描述的范围之内；③在内容确定之后，还要确定描述的次序，是由大到小还是由小到大，是由左到右还是由右到左，是由远及近还是由近及远；④说话人要确定被描述的各个部分是如何产生联系的。

不论是会话型的语段还是独白型的语段，结构都包括两种：一种是层次的结构，说话人必须根据说话的意图决定从何时开始、如何进行、应该重点突出哪些方面、在何时结束等；另一种是局部的结构，说话人必须根据整体的层次结构，对句子进行计划，因为该怎样说往往是根据对方的语言来确定的。

第二，句子计划。在制订句子的计划时，说话人需要考虑三个方面的问题：命题内容、言语行为和主题结构。在命题内容方面，命题是意义单位，反映了说话人要表达的思想，是句子计划的核心。有时一个句子只包含一个命题，如"He is having lunch."；有时一个句子会包含多个命题，如"The beautiful lady killed her cruel husband."，这个句子包含三个命题：一是"The lady is beautiful."；二是"Her husband is cruel."；三是"The lady killed her husband."。

选择言语行为对语言交际而言至关重要，这在很大程度上取决于说话人要实现的交际目的。同一个言语行为还可以用不同的表达方法来实现。在制订句子的计划时，说话人需要考虑采用何种言语行为以及何种方式来实现这一言语行为。

句子的主题结构主要涉及两个方面的问题：一是主语和谓语的问题。主语是陈述的对象，是说话人要说的东西；谓语是对主语的陈述，即说明主语是什么或者干什么。在语言使用的心理过程中，主语是储存在记忆中的主体，而谓语则是关于这一主体的一个事实。二是已知信息和未知信息的问题。在一般情况下，已知信息在前，未知信息在后。例如，在"He has gone to Shanghai."这个句子中，he 是已知信息，说话人和听话人都知道该词所指代的对象，而后面的部分为新的信息，是听话人未知的信息。这种情况在独白型的句子中表现得比较明显，而在会话型的语篇中，已知信息与未知信息的安排可能有所改变。

（2）执行计划

在计划确定后，语言的产生就进入了执行计划阶段，说话人会根据前面的计划，通过发音器官发出表示句子和语段内容的声音。从表面而言，执行计划无非就是将言语计划诉诸实施，似乎非常简单。其实不然，言语计划的执行要比我们想象的复杂得多。因为人们在执行计划前往往不只是把言语计划全部都制订好，另外，计划人还需要根据计划编制一个发音程序，储存在记忆里，让控制发音器官的肌肉按部就班地活动，才能发出预期的声音。言语的产生涉及人脑怎样指挥发音器官的肌肉去发出有意义的声音，发音程序是在不同的层面上计划和形成的，具体表现在以下四个方面：

第一，发音程序的单位可能是语音的区分性特征、音节、音段、单词以及更大的句子成分。

第二，发音程序的重要步骤如下：①选择意义，决定所采用的句子成分应当具有的意义；②选择句子的轮廓，对句子的形式和重音作出规定；③选择实义词并放入句型里面；④构成词缀和功能词，确定实义词之后就要提出功能词的语音形式，提出前缀和后缀；⑤音段的具体化，逐个音节地把音段完全实现。

第三，言语计划的执行是在一定时间内进行的，因此发音程序不但要规定各音段的次序，还要规定它们的时间和节奏。英语是一种节奏感很强的语言，重读的作用十分明显。此外，人们讲话太快时，就必须决定哪些音段应予保留，哪些应予省略。

第四，把发音程序付诸实施。发音程序是边编制边储存在记忆里，一旦程序编制完成，大脑就会根据程序对发音器官发出指令，规定发音器官应该放在哪个位置，怎样协调行动，才能发出某个音段。

二、高校英语口语教学的作用与特点

（一）高校英语口语教学的作用

随着经济的迅速发展，我国承办的国际活动日益增多，与其他国家的科技、文化交流日渐频繁，社会对高水平口语人才的需求量也随之增加。因此，改进传统的教学模式，提高学生的英语口语能力势在必行。口语能力的培养是高校英语教学的一个重要任务，也是当前高校英语教学中的一个薄弱环节，掌握实用的英语口语知识，对提高学生的交际素质，增强学生的竞争力十分有益，口语学习将会成为未来的一种学习趋势。具体来说，口语教学的作用包括以下几个方面：

第一，口语教学可以促进学生听力和思维能力的发展。教师范读或播放课文录音，能使学生保持高度的注意力，提高听力和思维能力，能唤起学生的感知和想象，这些具体的形象能帮助学生增强对词汇和语言结构的记忆。

第二，口语教学能够帮助学生丰富词汇量。孤立的单词不容易记，而语句、文章是有情节的，单词放在句子里更便于识记。学生经常练习口语，接触到的生词、句式日益增多，这对学生灵活运用常用单词以及短语十分有益。

第三，口语教学有助于培养学生的语感。学习语言必须培养语感，语感对学好一门语言起到了很重要的作用。语感强调通过对语言文字的直觉感受，快速理解语言文字。语感是通过后天的培养而产生的，在口语教学中，学生通过听觉、视觉等各种感官与语言材料接触，不断积累语言知识，体会语音、语义、语调及语气，日积月累，可以形成良好的语感。

（二）高校英语口语教学的特点

1.英语口语教学的内容特点

英语口语教学的内容是广泛的，不仅包括在口语课上教学生如何说，而且要从教学内容、教学安排等方面保证学生在课下有大量的口语实践机会。教师可以有计划地组织各种训练活动，把训练学生听、说、读、写、译等各项能力有机地结合起来，根据不同的阶段、练习目的和主题采取诸如朗诵、配音、辩论、演戏、口头作文等多种形式，把握适当的难易度，巩固学生的基本功，使教学内容成为一个可伸缩的，知识性、趣味性并重的系统。

此外，英语口语教学也是拓宽知识、了解世界文化的素质教育过程，兼具工具性和人文性。因此，教师在设计英语口语课程时应充分考虑学生的文化素质和听说能力培养的要求，给予足够的学时，使用先进的信息技术，开发建设网络课程，为学生提供良好的语言听说环境。同时，教师还要根据学校的实际情况，按照教学大纲的要求、本校的教学目标和教学特色将课堂教学与第二英语课堂相结合，确保不同层次的学生在英语应用能力方面得到充分的训练和提高。无论是第二英语课堂，还是主要基于课堂教学的课程，其设置都要考虑不同起点的学生，从提高其学习兴趣的角度出发，激发其学习动机，鼓励其大胆开口说英语。

2.英语口语教学的模式特点

英语口语教学不同于一般的知识传授过程，教学模式需要更多地体现英语教学的实用性、知识性和趣味性，充分调动教师和学生双方的积极性，尤其要体现学生在教学过程中的主体地位和教师在教学过程中的辅导作用。教师可以根据不同活动内容的需要，灵活多样地选择最恰当的教具和最直观有效的教学手段，激发学生的学习兴趣，提高他们的学习积极性和主动性。教师也可以根据学校的条件和学生的口语水平,充分利用网络环境,直接在网上进行口语教学。网络教学系统能随时记录、检测学生的学习情况以及教师的教学与辅导情况,充分体现英语教学的互动性。与其他教学模式相比较,口语教学的教学手段和教学方法的选择是否成功极大地影响着口语教学活动中学生互动性的实现程度,进而影响教学效果的好坏。

3.英语口语教学的评估特点

教学评估是英语口语教学的一个重要环节。全面客观、科学准确的评估体系对实现教学目标至关重要,它既是教师获取教学反馈信息、改进教学管理、保证教学质量的重要依据,又是学生调整学习策略、改进学习方法、提高学习效率和取得良好学习效果的有效手段。对学生学习的评估可分为两种:一种是形成性评估,另一种是总结性评估。无论采用哪种形式,英语口语教学的评估都是考核学生实际使用英语进行交际的能力。其中,学生口语表达的准确性和流利程度是衡量口语教学效果的重要指标之一。

三、高校英语口语教学的多元评价体系

多元评价体系以多元智能理论为基础。多元智能理论认为,人类的思维和认知方式都是多元的,并且具有多元智能,倡导学生的多元发展,而每个学生在不同的智能范畴上都有自己的优势和劣势,要尽可能创造、发掘适应学生优势智能发展的条件,使每个学生都能扬长避短。在此理论的基础上,在英语口语教学过程中对学生进行评价时,应实施多元评价,即根据高校英语口语教学的要求和目标,结合新的教学模式,确定多元化评价的主体、方式、内容和标准,同时还应该考虑不同学生之间的差异。建构主义理论也对多元评价体系具

有重要影响，在课堂教学过程中，学生应该主动构建知识意义而不是被动接受外部刺激，教师应该给予学生帮助。在教师评价学生表现的同时，学生也应该通过自我评价进行反思，进而调整自己的学习方法，以达到教学大纲中的学习目标。

多元智能理论、建构主义理论与英语口语教学的目标和要求都说明教师不能只是通过口语测试评价口语教学，而应该多角度地考虑如何构建高校英语口语教学的多元评价体系。多元评价注重在评价主体、评价方式、评价内容和评价标准等方面实行多元化。高校英语口语教学的多元评价体系包括以下几个方面（图2-2）。

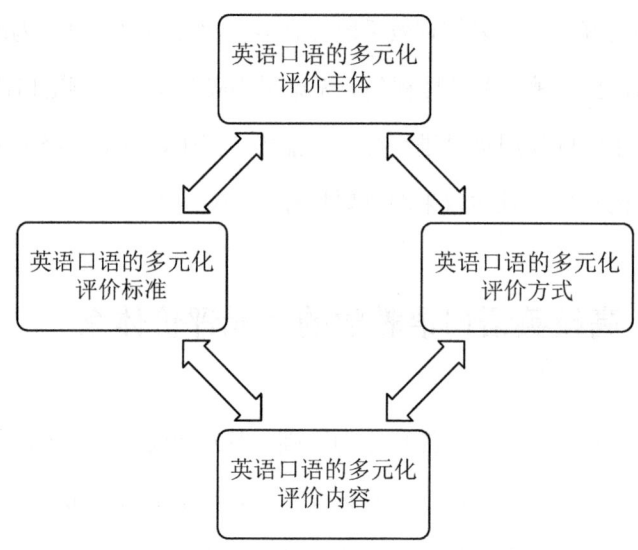

图2-2 高校英语口语教学的多元评价体系

（一）多元化评价主体

高校英语口语教学的评价主体不仅包括教师，还包括学生。教师评价与学生自评、学生互评相结合，可以使评价的结果更加公正、客观。教师的评价有助于了解学生的英语口语学习状态，学习内容掌握情况，学习任务完成情况及存在的问题。学生自评可以使学生主动参与，由评价的对象转变为积极评价的主体，增强学生的自我监控和反思能力，激励学生积极主动地进行英语口语自主学习。学生互评则可以使学生相互沟通、相互借鉴。其他学生根据评分标准对这名学生的表现作出评定，打出分数，教师可参考学生的打分得出学生的最终表现成绩。

（二）多元化评价方式

高校英语教师应当采取多元化评价方式，将形成性评价和终结性评价相结合。形成性评价重视学生的学习过程，是实时性的动态评价；终结性评价以测试成绩为评价结果，进行最终判定性的静态评价。

教师既可以开展英语辩论活动，也可以在课堂中根据所教内容提出讨论话题，让学生进行分组讨论，围绕主题用英语进行交流。在这些活动中，教师通过记录学生的表现情况，分析学生的课堂参与度及其在英语口语方面的优点和缺点，考查学生的口语表达能力，了解学生的知识基础、英语思维能力、知识面及反应能力，并结合学生自评和互评，将评价结果作为学生平时成绩的重要组成部分，为期末的总评提供材料，以此为依据调整常规课堂教学及评价。

（三）多元化评价内容

对学生进行评价时，不仅要关注学生对口语知识的掌握是否牢固、发音是否标准、对话是否流利，还应该对学生进行综合能力的全面评价，如评价他们的口语表达、人际交往和与他人协作的能力，评价他们的学习态度、习惯、自主能力，评价他们的进步情况。高校英语教师在设计评价活动时，应引入多元的评价内容，使英语口语课变得生动有趣，使学生能够有信心完成任务，以达到全面综合地评价学生各方面真实的发展情况的目的。

（四）多元化评价标准

不同学生的英语口语基础有很大的差异，进步的空间及潜能也有所不同，如果口语教学中的评价标准太过单一，就不能客观地评价学生的表现，因此要采取多种评价标准对不同水平的学生进行检测，促进学生英语水平的逐步提高。在英语口语课堂教学中：对于英语口语水平一般的学生，教师可以针对他们不同阶段的学习状况进行纵向比较评价，当他们取得进步时及时给予肯定，使他们树立自信心，消除自卑感，激发他们的学习热情；对于英语口语水平较高的学生，教师可以将是否完成教学目标作为评价准则，使学生了解自己的差距，努力提高自己，以达到或者超过教学大纲中设定的基本教学目标；对于英语口语水平更高的学生，教师可以使用综合发展评价，开发他们的英语口语潜能，使他们发现自己的优势，及时调整学习策略，提高自己的口语水平。

教学评价是英语口语教学中的一个重要组成部分。构建高校英语口语教学多元评价体系有助于提高对学生英语口语评价的信度、效度，鼓励学生进行合作性、探究性的学习，同时有助于教师在以后的教学中进行有针对性的教学。

第三节 高校英语的阅读教学

一、高校英语的阅读教学理论支撑

阅读是通过人的视觉感官从书面语言材料中获取知识信息的过程，其目的是正确、有效、快速地理解所读的材料。从心理语言学的角度来看，阅读是由发送者向接收者传递信息的一种交际行为，发送者是指作者及所形成的书面语言材料，接收者是指阅读这些材料的读者。阅读从识别单词、领悟句意到理解篇章、摄取知识，实际上就是一种提出问题、解决问题的排疑解难的心理思维过程。因此，阅读教学的理论支撑涉及语篇分析、语篇理解的模式以及阅读速度与理解率。

（一）语篇分析

篇章语言学是20世纪50年代才发展起来的一门科学，语篇分析是对比句子更大的语言单位所作的语言分析，目的在于解释人们如何构造和理解各种连贯的语篇。

1.语篇的衔接

衔接是语篇特征的重要内容，它是通过语法和词汇手段把语篇中的句子或较大语段的意义紧密联系的现象。在英语阅读教学语篇中，主要的衔接手段包括参照、替代和省略、连接、词汇照应。

（1）参照

有些语言单位本身不能作出语义解释，需要参照另外的一些单位才能明确它们的意义，这些单位之间就构成参照的关系。从所使用的语言手段来看，参照包括人称、指示和比较三种方式。从语言和非语言因素去分析，参照包括语境参照和情景参照两种。用语言内部的信息可以解释其含义的是语境参照，必须依靠话语所处的客观环境去解释的是情景参照。

（2）替代和省略

一个单位代替另一个单位，就构成了替代关系。有些单位被省略，就出现了省略关系。替代和省略除了可以加强语言的结构联系，还可以使语言富有变化、不枯燥、简洁活泼。

（3）连接

连接成分的衔接作用是间接的，它们本身不能直接影响上一句或者下一句的结构，但是它的具体意义表明必须有其他句子的存在。连接成分表达的是语义上的关系，而不是语法关系。

（4）词汇照应

词汇照应是指通过词汇的选择而产生的照应关系。词汇照应手段主要有重申和搭配两种。重申有重复、同义词或近义词、上下义词、概括词等形式。搭配也是实现语篇衔接的重要手段，这里所说的搭配是指词与词之间的一种共现关系。有一些词意义不相同，甚至是反义词，但经常出现在同一语境，使句子前后衔接起来。

2.语篇的连贯

连贯是英语阅读教学语篇中的语义关联，连贯存在于语篇的底层，通过逻辑推理来达到语义的连接，是一个把语篇联系起来的无形网络。一个语篇往往有一个主题，其中的所有内容都是围绕这一主题展开的，并通过语义的关联构成一个连贯的语篇。

3.语篇的结构

由于语篇的交际功能、主题、内容、体裁以及作者的风格等方面的差异，语篇的结构也多种多样。但是，同一类型的语篇也会呈现出基本相同的结构。完整的语篇通常都有开头、中间、结尾等部分。例如：故事的开头往往对时间、地点、人物等作出交代，中间部分主要描述故事的发展，结尾部分一般要描述人物和事件的结局或者给人的启示；议论性的语篇开头一般提出问题，说明该文要议论的主题，中间部分则对开头所提出的问题进行分析，对论点加以论证，结尾部分则提出解决问题的办法或者得出结论；书信的开头是称呼，中间是正文，结尾则是结束语和落款。在一个语篇的内部，所有的句子都是以线性的方式依次排列起来的，但是句子之间都通过不同的关系结构连接起来，这些关系结构主要包括：顺序、层次、连环和平衡。

（二）语篇理解的模式

1.自下而上模式

自下而上模式是一种传统的阅读理解理论，它起源于19世纪中期，采用信息加工的理论来阐述阅读的过程，是一种文本驱动型模式。这个理论认为，阅读从字词的解码开始直到获取文本的意义，即阅读过程是一个从左向右对字母、词、句子、语篇进行有组织的、有层次的自下而上的理解的过程。根据这个模式，要理解一个语篇，读者必须首先具备一些低级或简单的语言知识。由此可见，自下而上模式强调的是语篇本身的作用，阅读过程中遇到的问题就是语言问题，学生理解的失败主要是由于缺乏足够的语言知识。受自下而上的阅读模式的影响，传统的阅读教学主要按照词、句子、语篇的次序，按照由低到高、由简到繁的线性信息处理过程进行。教师的主要任务就是帮助学生解决语言知识的问题。

自下而上的模式说明了信息加工中的线性模式对阅读研究的影响，但没能说明阅读过程中各种信息之间的相互作用，只是局限在字、词、句这样的线性理解层面上，忽视了读者可能从语篇以外的其他地方，如读者已有的知识中提取有关信息并对它进行加工的情况。虽然语篇是以层次结构的形式把信息呈现给读者的，但读者可以直接在任何水平上提取并对已有的知识进行加工，以补充或者预测来自文章的信息流。字母在词中出现要比单独出现更容易察觉，词在有意义的句子或语篇中出现要比单独出现时更容易识别，不管句法如何复杂，深层语义关系贯通一致的句子要比语义关系混乱的句子容易整合。它把低层次过程与高层次过程截然分开，没有意识到读者可能带进阅读过程中的高层次知识的作用。

2.自上而下模式

自上而下的模式是在20世纪60年代后期，在认知心理学的影响下发展起来的阅读理论。有学者认为，读者利用已有的句法和语义知识来减少他们对语篇中书面符号与语音符号的依赖，并具体划分出阅读的四个过程：预测、抽样、验证和修正。

读者预测语篇中的语法结构，运用他们的语言知识和语义概念，从语篇结构中获取意义，因此语篇必须含有意义并且语言表达功能健全。随后，读者从书面符号中抽样以证实他们试探性的预测。读者在阅读时不断地从可利用的信息（字形、读音、语法和语义）中抽样。在抽样的过程中，读者不必看清每一个字母与单词。换言之，读者只选择读物中能证实他的预测的线索。读者的句法、语义知识层次越高，他们抽样的选择性便越强。抽样后，如果预测的意义被证实，那么读者将对随之而来的内容进行新的猜测；如果他提取的样品不产生意义，或者预测的书写符号输入没有出现，则需要从读物中提取更多的信息，以修正错误的预测。

概念能力是指读者能否将阅读时输入的零碎信息迅速汇集成概念的能力；背景知识是指读者的常识和有关某一领域或话题的知识；而处理策略指的是阅读能力的各方面，既包括句法、语义及篇章结构的知识，也包括各种阅读技能，如"略读"和"查读"等。在阅读中，三者互相作用，让逻辑思维能力和背景知识来赋予文字以意义。自上而下的模式认为读者不是被动地接受文字信息，而是依靠读者本身因素主动地理解读物，因此该模式是一种读者驱动型的阅读模式。

自上而下的模式有很多不同的变化，从总体而言，它们的特点可以归纳为以下几点：认为阅读是一种主动在读物中寻找意义的思考过程；强调读者已掌握的知识与技能在理解中的作用；认为阅读是有目的性与选择性的；认为阅读有预见性，已掌握的知识与对理解的期望以及阅读目的之间相互作用，使读者能预见读物的内容。

3.互动模式

互动模式包括多种多样的理论，其中图式理论是影响最大也是最著名的一种。图式理论认为阅读图式可以分为语言图式、内容图式和形式图式。语言图式是读者掌握的语言知识（即语音、词汇和语法等方面的知识）以及运用语言的能力。内容图式是读者对语篇内容的熟悉程度，即狭义的背景知识。一般而言，读者的背景知识越丰富，就能将越多的注意力集中在处理高级阶段的信息和提出假设上，从而更好地理解文章。充足的背景知识甚至可以对较低的语言水平产生一种补偿效应，即背景知识可以在一定程度上弥补语言水平的不足，以保证顺利阅读文章。形式图式是读者对语篇结构的熟悉程度，即语篇知识。以时间顺序为结构的叙述文和单向性结构的描述文比其他结构顺序的课文更容易记忆，这说明对文章结构的了解确实有利于读者对文章内容的吸收。

在认知过程中，图式的主要作用是说明人的理解过程。人的理解过程实质上是一种释义过程。"释义"时需要个体已有的图式中相关知识的参与，通过分析、推理、对照、综合等心理过程，来运用和贯通知识，从而解决问题。具体到阅读活动来说，图式理论认为，阅读对象即文章本身不具有任何意义，意义蕴藏在读者的脑海里，取决于读者在阅读过程中对大脑中相关的图式知识的启动情况。

一个读者读了一篇文章，说明读者具备与该文章相关的图式，并且这个图式提供了与该文章的各个方面一致的解释说明。阅读理解就是选择和激发能够说明输入信息的图式与变量约束的过程，也就是说，阅读理解首先是输入一定的信息，然后在记忆中寻找能够说明这些信息的图式，当找到足以说明这些信息的图式或者是将某些图式具体化以后，就产生了理解。在理解过程中，加工的层次是循环递进的，随着阅读行为的不断进行，更高层次的图式被激活，理解的循环就走向更高的水平，产生对句子的理解以及对语段与篇章的理解。

图式的类型多种多样，每个人的大脑中都储存有许许多多的图式。面对具体问题时，图式能够发挥作用来解决问题。图式的启动存在着两种情况：一种是自上而下的；另一种是自下而上的。自上而下的概念驱动是一种预期驱动，顶层的图式知识可以用来对读物进行预测。例如，一篇文章或一本书的题目，从表面上看只不过是字符，但它从心理上唤起了一系列关于该文或该书所述主题的图式知识，从而激活了一系列较低层次的图式。而较低层次的图式活动又可以引起较高层次的图式反应，因为这些较低层次的图式是较高层次图式的一部分，这种自下而上的启动又称为材料驱动，是一个由部分到整体的过程。

自上而下和自下而上的启动在各层次同时发生并相互补充,当文章的信息与读者的图式知识相吻合时,自上而下的概念驱动可促进两者的同化;当文章所提供的信息与读者的心理图式不吻合时,自下而上的材料驱动将发挥作用,帮助读者利用已有的知识,选择合理的解释。与此同时,这两种运作的相互补充作用对读者的阅读理解有非常重要的意义。读者丰富的图式知识可以弥补其较低层次的字面解码能力的不足。图式理论的研究说明阅读活动是一个不断变化的动态过程,在这个过程中读者已有的图式不断得到补充、调整、修正或否定,从而使其阅读能力不断提高。在阅读教学中,教师应引导学生充分运用已有的图式知识去吸收掌握新的内容,丰富其图式结构,这有助于提高学生的理解能力和阅读速度。

(三)阅读速度与理解率

阅读教学的目的首先在于培养学生的阅读能力,而衡量阅读能力的基本标准包括阅读速度和理解率。以英语作为本族语的读者通常根据阅读目的、阅读材料的难度以及自己所熟悉的背景知识,以三种速度进行阅读:第一种速度为学习速度,是用来阅读教科书和法律文件等材料的慢速阅读。用这种速度阅读时,要求达到的理解率为80%~90%。第二种速度为中等速度,是受过教育的本族语读者阅读报纸、杂志等日常材料所用的速度。用这种速度阅读时,对理解的要求相应降低。第三种速度为扫读速度,是本族语读者快速浏览所读材料,对理解不作要求时所用的最快速度。用这种速度阅读时,需要降低对理解的要求。从本族语读者的阅读情况来看,阅读速度和理解率之间呈现一种负相关的关系,也就是说,速度越快,理解率就越低。但是在外语教学中,由于阅读目的的不同，而且学生的阅读速度也不会像本族语人的阅读那样，速度呈现如此大的变化，阅读速度与理解率之间的关系则不尽如此。相关研究表明，阅读理解率在一定范围内并不受阅读速度的限制。换言之，并不是阅读速度越慢，阅读理解率就越高。其实，对于英语学习者来说，阅读速度和理解率之间存在着相互促进的关系，加深理解可以加快速度，而且加快速度也能加深理解。

回视也称回跳，是指对已经看过的内容感觉不放心，再度倒回来阅读的现象。总的来说，回视不能完全避免，并在一定程度上影响阅读速度。阅读能力强的人有时也会倒回来看。一方面，回视是读者的阅读水平所造成的，阅读水平越高，回视的次数也就越少。另一方面，某些回视则是由缺乏自信、担心漏看的患得患失的心理所致。

从是否出声的角度来看，阅读可以分为朗读和默读两种。朗读的时候需要出声。有时候在默读时，读者未发出声音而嘴唇翕动，亦称唇读。另外，在无声音化阅读中，有的读者虽然没有发出声音，嘴唇也没动，但却在心里念着。不管哪种方式，发音器官都处于紧张的工作状态。心理学研究表明，这两种阅读的读速很难突破讲话速度。对中国英语学习者来说，声读或无声音化阅读很可能是在早期学习中，以音读为中心的学习法和在精读中养成的阅读习惯对正常外语阅读产生的负迁移现象。这种习惯不仅有碍阅读速度，而且由于它过分依赖语言本身而不是语义，会影响阅读理解的广度与深度。

二、高校英语的阅读教学原则与特点

（一）高校英语阅读教学原则

1.注重做事原则

在英语阅读教学过程中，教师应该重视做事过程。在具体的任务设计中，教师应该多布置一些动手动脑的任务，并鼓励学生通过手脑结合来完成具体的任务。实际上，学生做任务的过程就是做事的过程，具体到阅读教学中，就是用阅读完成事情的过程。在这一过程中，学生不仅要对问题进行思考、分析，还要寻找各种方法解决问题。此外，教师还应该引导学生具体问题具体分析，选择科学、合理的方式来解决具体的阅读问题，最终完成阅读任务。在阅读的过程中，学生可以思考、分析和解决问题，从而使自己的阅读知识更加丰富，使自己的阅读体系更加健全。

2.可操作性原则

在英语阅读教学过程中，教师应该注重任务的可操作性。如果任务或教学活动设计得过于复杂或过难，就会不利于学生顺利完成任务。同时，在设计教学活动或教学任务的过程中，教学道具、教学内容、教学时间等都应该合理安排，既能够满足教学需要，又能够将教学的内容和意义表达出来。此外，有一些教学活动或教学任务有时间的限制，教师在设计的过程中，应该充分考虑多种因素，将课堂教学与课后练习相结合，同时还可以借助一些道具或利用一些信息化教学手段来进行设计，鼓励学生积极主动地完成任务。除此之外，为了增强任务的可操作性，在设计教学活动和教学任务的过程中，教师应该使任务设计的内容更加简明扼要。

3.弹性模式原则

在英语阅读教学过程中，教师还应该重视弹性模式。换言之，在设计教学任务和教学活动的过程中，教师不能将阅读任务设计成固定的模式，而应该结合具体问题进行具体分析，将弹性模式融入具体的教学中，只有这样才能提升阅读教学的效果。

（二）高校英语阅读教学特点

1.英语阅读教学内容的特点

随着英语在实际生活、工作中的应用越来越广泛，学生的英语阅读能力越来越受到重视。高校英语阅读教学内容不仅包括语言知识，还包括文化背景的相关知识。在高校英语教材中，所选文章往往涉及多个领域，如语言、文学、政治、经济、科技等，体裁也具有多样性，有说明文、记叙文、议论文。此外，高校英语阅读教学的内容还具有篇幅长、生词多、句法多样化、思想较为深入等特点。

2.英语阅读教学方式的特点

在英语阅读教学过程中，教师往往采用精读、泛读和略读等方式进行教学。

精读要求学生毫无遗漏地仔细阅读全部语言材料，并对整篇文章进行深刻而全面的理解。在精读课本中，每篇课文后的词汇、语法、句型及注释都需要仔细领会。

泛读也可称为普通阅读，泛读要求学生读懂全文，了解全文的主要思想、次要信息及作者的观点，对全文只进行一般性的推理、归纳和总结，无须研究细节问题和探讨语法问题。泛读速度要快于精读速度。

略读是一种浏览性的阅读，学生以最快的速度浏览阅读材料。略读不需通读全文，只需要跳跃式地读主要部分，主要部分一般指第一段、最后一段及中间衔接段，因为第一段一般为全文概述，最后一段为归纳总结，中间衔接段一般有递进关系、转折关系、因果关系等。略读目的是获取全文的中心思想和主要内容。一般而言，略读的速度应快于泛读速度。

三、高校英语的阅读教学策略

（一）加强阅读技巧训练

阅读技巧的正确运用有助于学生养成良好的阅读习惯，大大提高阅读速度及理解的准确度。在英语阅读教学中，教师可以从以下几个方面加强阅读技巧训练。

1. 预测

在阅读的过程中，预测是一个重要的环节，发挥着重要的作用。不同的文章有不同的题目，这些题目往往就是文章中心思想的总结。在阅读之前，教师可以引导学生根据文章题目和文中的一些关键词展开想象，并对相关的情节进行预测，这不仅能锻炼学生对知识的运用能力，还能提高他们的逻辑能力。

2. 推理判断

一般而言，推理判断包括直接推理与间接推理。直接推理比较简单，在理解原文的表面意思之后就可以得出结论。间接推理是一种比较复杂的推理方式，它要求学生能够挖掘文章的深层次含义。教师要引导学生从全文的角度出发，综合运用直接推理和间接推理，以正确理解文章的思想。

3. 查找主题句

在英语阅读教学中，教师可以结合具体的实例将主题句常出现的位置告诉学生。一般而言，主题句的位置是比较灵活的，出现的位置包括：第一，段首，有时候作者会将自己的观点先表达出来；第二，段尾，有时候作者也会将自己的观点放在段落的末尾，在此种情况下，这种主题句往往是对文章中论述的所有问题的总结；第三，同时位于段首和段尾，此时段尾的主题句是对段首主题句的总结与升华。

（二）培养学生跨文化阅读能力

1.扩展学生的跨文化知识

第一，词汇是语言系统中的支柱部分，同时也是构成文化信息的基本载体。在阅读时，学生的词汇量显然是一个非常重要的影响因素，助力学生了解词汇的文化内涵能逐步提高英语阅读教学的效果。具体到教学中，教师应该意识到词汇知识的重要性，引导学生逐步了解同样的一个单词在不同的文化语境下所表达的不同意思，这样就可以逐步提高学生的文化意识，从而逐步提高他们的阅读能力。

第二，积累习语。英语教学是文化教学与语言教学的结合体，语言习得不仅指学习者对语言基础的了解和掌握，还指熟悉并应用目的语的文化知识。因此，忽视文化而开展的语言教学活动是不全面和不完整的。习语是文化的重要组成部分，英语中有大量的习语，如果不明白这些习语背后的文化含义，就无法真正理解这些习语。

教师应该有意识地给学生讲解一些常用的英语习语，让学生逐步积累、掌握更多的习语，从而提高学生的阅读能力。这就需要教师在日常的教学工作中，除了进行词汇、语法方面的知识教学，还应该对教材文章中所涉及的文化因素进行深入挖掘，把握对学生进行文化教育的契机，立足于中外文化差异，从国家地理、文化传统等多个方面出发，帮助学生了解中外文化的差异，促使学生在阅读过程中，能够从跨文化的角度正确辨识文章的内容，而不是运用中式文化思维去思考问题。

总之,教师在授课的时候应该全面挖掘语篇中的文化内容,让学生能更好地吸收其中的跨文化知识,从而发挥语篇阅读教学的效果。

2.培养学生的跨文化意识

教师应该重视阅读教学中文化渗透的重要性,一般而言,阅读不仅是读各种文字,还应该体察到文字背后的文化因素。如果没有在思想的层面上意识到文化的重要性,就容易导致理解偏差。因此,教师需要在阅读教学中逐步培养学生的跨文化意识,使学生能够正视不同文化之间的差异,并尊重不同的文化,这样有利于学生更好地理解文章。

3.开展有效的文化研讨

教师可以通过开展有效的文化研讨来进行英语阅读教学。在探讨英语文化的时候,教师可以将其分成若干个小主题,要求学生在一定的时间里对此展开讨论。在此过程中,教师要尽力调动学生的积极性,使学生积极主动地加入讨论,还可以给他们一些建议,以帮助学生解决可能遇到的跨文化交际问题。同时,教师还应该让学生明确讨论的目的,并在讨论结束后引导学生思考自己的所得。

(三)纠正不良阅读习惯

英语阅读能力的提高是一个长期积累、循序渐进的过程,良好的阅读习惯在其中发挥着至关重要的作用。教师在日常教学中,要培养学生限时阅读的好习惯,使其逐步改掉不良阅读习惯,提高阅读速度及准确度。

(四)坚持以学生为主

英语阅读课应依然坚持以学生为主的教学模式,充分发挥学生的主观能动性，教师仅仅充当指导者、示范者和评价者的角色，组织学生阅读语篇，进行讨论及反思总结。教师所选的用于教学的文章应该难易适度、题材多样、篇幅适当，要注重学生的兴趣爱好、英语水平和学习目的等。在阅读教学之前，教师可通过开展一些与阅读文章主题相关的热身活动来激发学生的内容图式。

第四节　高校英语的写作教学

写作是包括思想观点、内心感受和习作技巧等多种因素在内的一种复杂的脑力劳动，是从具体思维到抽象思维的一个复杂流程，既有具体的写作行为过程，又有内在的心理活动。完整的写作过程不仅涉及个人心理，也涉及社会交际目的，是一系列个人与社会相互作用的复杂程序。为了实现教学目标，高校英语写作教学模式及教学媒体的恰当选择和开发都需要综合考量、妥善处理。教师要立足实际情况，对写作教学内容进行适当调整。此外，整个过程要兼顾系统性和实践性原则，做到系统性和实践性既独立又统一。

一、高校英语的写作教学内容

（一）结构

1.谋篇布局

和语文写作一样，英语写作开始前也要考虑文章的布局结构。结构是作文的框架，谋篇布局时需要考虑作文的体裁和题材，然后选择合适的结构布局，这有利于写作顺利开展。不同体裁和题材的文章常常有诸多方面的差异，如主题句、扩展句以及结论句都有着不同的作用。以议论文为例，其中的主题句通常是对作者所认同的某一种观点进行陈述，扩展句则是根据议论文的展开顺序对细节进行扩展并进一步阐述原因，结论句则是对全文的论点进行重述并进行总结。而在说明文当中，主题句的主要作用就是介绍写作的主题，扩展句则是根据一定的顺序展开细节对主题进行详细的说明，结论句则是对文章的细节进行概述，并重述文章的主题。

2.和谐连贯

文章的叙述需要前后一致、内容连贯。和谐连贯的文章可以让叙事更具逻辑性，能够使文章内容紧凑、衔接顺畅。在日常的英语教学过程中，教师应该注重培训学生使用关联词、过渡句，增强文章的连贯性。

3.完整统一

完整统一是一篇优秀的文章应当具备的重要特点之一。所谓完整统一，是指文章中所展开的各种细节都是为全文的主题而服务的，无论是描述的事实、阐述的原因还是列举的实例都必须同主题密切相关，不能背离主题。在写作过程中，一旦发现有偏离主题的语句，就必须在保证文章完整性的基础上进行删除，使文章保持完整统一。在日常的英语写作训练过程中，教师应当特别重视学生完整统一意识的培养与训练。例如：如果学生的作文内容中有多余的段落，那么教师可以指导学生进行删减，并说明原因；教师可以开展专题训练，设置一些同主题不相关的段落或语句，让学生在分析、修改的过程中不断增强完整统一的意识。

（二）技巧

写作技巧的使用有助于提高文章的整体质量。在英语写作教学过程中，教师应该注重学生写作技巧的训练,针对不同的阶段传授不同的写作技巧。例如:在写作前,要注意先审题,根据题目要求确定写作体裁和写作方法;在写作时,可以运用因果法、分类法、空间顺序法等来阐明主题。

(三)句式

句式对于英语写作而言也是至关重要的。英语语言系统当中存在很多种句式,如疑问句、强调句、倒装句等,每种句式的表现形式不同,因此在文章中使用多种表达句式能够提高文章的整体质量。在日常的英语写作教学过程当中,教师应该训练学生使用不同的句式写英语作文,提高学生英语作文的出彩程度。

(四)选词

选词对英语写作也有重要影响,能够在很大程度上体现学生个人的写作风格和写作爱好。词汇有表层意义,也有深层意义。如果没有对词汇进行深刻的了解,选择了不恰当的词,就会影响到文章的整体效果。因此,教师在英语写作教学的过程中,也应该注重词汇的讲解和选择,使学生注意区分词的褒义和贬义、词的概括义和具体义等。

(五)拼写与符号

拼写与符号主要指的是单词的拼写以及标点符号的运用,对英语文章写作有一定程度的影响。作为英语写作教学的重要内容之一,拼写与符号教学同样应当引起教师的重视。在设计教学内容和教学方式时,教师应当充分考虑拼写与符号的训练,以不断巩固学生的基础知识,从而有效地提升学生的写作能力。

二、高校英语的写作教学方法

英语写作教学是英语教学的一个重要分支,影响较大的方法如下(图2-3):

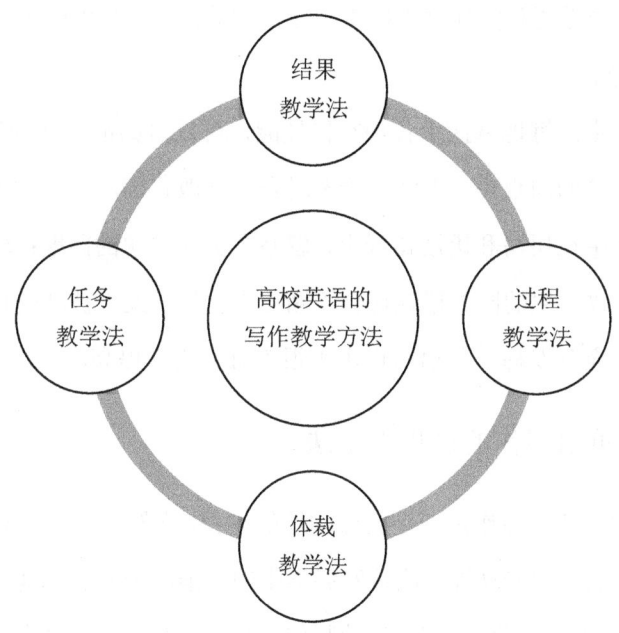

图 2-3 高校英语的写作教学方法

(一)英语写作的结果教学法

结果教学法以行为主义理论为依据,注重语言技能的掌握和语言知识的运用,强调语言的准确性、段落的合理性和结构的完整性,教师集中讲解范文的结构特点、修辞特征和语言特点,非常适合大班额授课。

结果教学法的一般过程可以归纳为以下几点:

第一,教师选取一篇典型范文,介绍修辞特点、语言特点和篇章结构,让学生熟悉范文的基本结构。

第二，教师要求学生对范文中的相关常见句式进行替换练习。学生在教师的指导下逐渐由句式练习过渡到段落写作。

第三，教师根据已经讲解过的范文篇章结构和修辞方法指定课后写作作业，根据学生的需要和实际水平提供写作作业的提纲，学生模仿范文尝试写出相似类型的文章。

第四，学生熟练地掌握了各项写作技能，可以自如地进行创作。

结果教学法的缺点是：教师不能及时发现并改正问题；评估手段单一，教师的注意力集中在拼写和语法错误上，忽略了更深层次的问题；教师只能发现一般问题，导致学生的同类错误还会不断出现；学生处于被动的地位，主观能动性很难得到充分发挥，英语写作水平很难有实质性提高。

（二）英语写作的过程教学法

过程教学法认为写作是一个交流沟通的过程，在写作过程中要以学生为中心，发挥学生的主观能动性，注重发展学生的思维能力和交际能力，提倡学生之间的合作与交流，不断提高学生的写作水平；强调创造性思维在写作中的主导作用，注重提高学生的语篇分析能力和逻辑思维能力，强调学生要独立思考、积极探索，灵活运用语言知识进行创作；强调写作的根本任务是培养实际交际能力，写作教学的范围和内容极大扩展，包括语言知识、语义理解、篇章结构、社会文化、读者心理等方面，这些教学内容对提高学生的实际交际能力具有很大作用。

这种教学法的一般过程包括提前构思、形成初稿、进行互评、修改完善、最后定稿。

过程教学法的缺点如下：注重过程，需要的时间比较长；由于语言水平的限制，学生之间的反馈有时难以达到预期效果。

（三）英语写作的体裁教学法

体裁教学法是建立在语篇体裁分析的基础上，将体裁和题材分析理论运用于教学中，围绕语篇的图示结构展开教学的方法。

体裁教学法认为写作教学要提高学生的体裁意识，提高学生对与体裁密切相关的修辞结构和语言特征的认识。体裁教学法的目的是：引导学生掌握不同体裁语篇的交际目的、语言使用策略和篇章结构；提醒学生注意语篇背后的社会因素、文化因素和心理因素；让学生认识到语篇不仅是一种语言构建，而且是一种社会意义构建；引导学生掌握语篇的图示结构，同时了解语篇的构建过程，从而帮助学生理解或撰写某一体裁的语篇。

体裁教学法的不足之处在于：由于课堂教学时间有限，只能安排个别学生在教师的指导和监督下完成体裁分析的所有教学步骤，其他学生只能在课后自主完成教师提出的相关要求，教师不可能了解每个学生对语篇进行体裁分析的过程和效果；由于体裁的种类繁多，有限的课堂教学时间和语篇范文数量难以涵盖所有的体裁形式，学生只能参照教师提供的典型范文进行模仿写作，长此以往容易造成文章的风格特点类似和学生的思维方式固化。

三、高校英语的写作教学策略

下面主要探讨高校英语写作教学中的元认知策略。

（一）英语写作元认知要素与发展

高校英语写作元认知主要包括知识、体验和监控三个方面。目前，相关研究现状如下：对元认知知识的研究比较多，这是因为元认知知识占据着元认知的基础性地位，且测量方便；主要针对以英语为第二语言的学生以及以英语为母语的学生进行写作元认知的相关研究，英语写作元认知的研究对我国学生的写作有很大的意义；英语写作元认知要素的研究极少涉及元认知体验研究。元认知体验是元认知理论不可或缺的一部分，重视元认知体验的研究才能保证元认知的研究是完整的。

1.英语写作元认知知识

（1）高校英语写作元认知知识的构成

元认知知识主要包括三个组成部分，即个人变量、任务变量和策略变量。三个变量之间相互联系、相互影响，但又彼此独立。英语写作元认知知识的个人变量是指个体对自身写作水平的认知，换言之，指学生对自身写作能力和特点的掌握程度。从内容上看，其具体指学生对自身写作优缺点以及相关原因的了解，此种了解基于元认知监控。任务变量指学生在完成任务的过程中对相关信息的认知，主要包括对任务性质的认知和对任务目标的认知等，具体而言，指学生对写作文章相关信息的了解和掌握，如了解优秀文章的标准和特点、了解写作文章的目标等。策略变量是指学生在完成作文任务的过程中应该掌握的策略性信息，如提纲策略的使用方法和前提条件等。然而，需要注意的是，元认知结构中的策略变量仅限于主观层面，其实践效果如何需要从执行控制层面加以了解。

（2）高校英语写作元认知知识实证研究的不足

高校英语写作元认知知识在实证研究中忽视了测量工具的效度。对效度的忽视主要体现在结构和内容上,这就导致研究存在结构和内容两个方面的问题。一方面,高校英语写作元认知知识的实证研究忽略了结构的完整性。英语写作元认知知识包含个人变量、策略变量以及任务变量,但是实际的实证研究并没有采用元认知知识所包含的三个变量,这就导致结果有所偏颇。对结构的忽视主要是测量工具和方法使用不当。另一方面,在高校英语写作元认知知识实证研究过程中,知识的测量内容中包含了充分调控,对元认知研究使用的是开放式问卷,问卷中涉及的研究内容存在效度问题,因此导致元认知的研究存在问题。

目前,我国开展的元认知知识研究主要针对元认知知识和写作成绩之间的关系,对元认知知识与学生年级、个性之间的关系研究匮乏。学生年级和个性的变化对认知知识都有影响,因此未来的元认知知识研究应该注重这方面的探索。

2.英语写作元认知体验

元认知体验是英语写作认知活动当中的情绪体验,体验可以随时发生,持续的时间不确定,体验的内容可以简单,也可以复杂。元认知体验对元认知知识会产生一定影响,这种影响主要体现在三个方面:首先,在元认知知识的目标上,如果元认知体验是挫败的,那么会导致元认知任务目标完成效果不好;其次,元认知体验可以修正元认知知识当中的个人变量与策略变量;最后,元认知体验可以加速形成元认知知识和策略。

3.英语写作元认知监控

高校英语写作元认知监控指的是在英语写作的过程当中,学生对自己正在进行的认知活动进行主动的监视、控制和调节,向着写作目标不断地前进。元认知监控是一个动态化的过程,如何开展元认知监控会影响到任务目标的完成质量和完成速度。元认知监控还被称作自我监控、自我调控。无论是自我监控还是自我调控，都是对认知活动进行调整，针对需要完成的任务和活动不断地调整自身的计划，向目标靠拢。所以说元认知监控、自我监控以及自我调控三个概念都是同一个过程。

元认知监控的执行流程具体包括制订计划、执行控制（自我评价、反馈）、检查结果和采取补救措施。其实这就是计划、监督和调节的循环直至达到理想结果的过程。写作元认知监控包括对个人的计划、监督和调节，对行为的计划、监督和调节，对环境的计划、监督和调节等九个过程的不断循环运作，直至英语写作的最终完成。

（二）英语写作元认知的影响因素

高校英语写作成绩对写作元认知水平有直接影响。虽然学生在学习第二语言的过程中并不具备成熟的元认知体系，但学生在学习第一语言的过程中已经形成相应的写作元认知模型，此种模型有利于学生有效掌握第二语言。现阶段，有关母语元认知模型对学生学习第二语言所产生的作用的研究还相对匮乏，因此这将是英语写作元认知发展领域的重点研究方向。

（三）英语写作元认知水平与成绩

一般而言，学生的英语写作成绩与其写作元认知水平之间具有显著的正向相关关系，即英语写作成绩高的学生在写作元认知上的等级也高。另外，学生元认知模型中的个人成分和写作成绩也具有显著的正向相关关系，即学生的个人变量得分高，其写作水平也高。写作成绩高的学生能够明确地认识到自身的写作能力和特点；而写作成绩一般的学生对自身的写作水平缺乏明确的认知，仅仅关注自身的缺点，从而忽视已经取得的成果。

从任务变量的角度看，一些写作成绩高的学生认为，一篇优秀文章需要具备的特点是流畅性和清楚性，并且在写作过程中要做到换位思考，从读者的角度进行思考和写作。部分写作成绩一般的学生认为，优秀文章的标准就是语法正确即可。换言之，他们认为只要语法无误，读者就能够明白。这些学生没有从读者的角度思考问题，更没有意识到写作的目的是信息交流。

（四）英语写作元认知的水平训练

在提高英语写作元认知水平的过程中，学生需要自己制定进展目标，再通过执行和控制来调节。由于元认知体验和监控不仅需要在经验中发生，而且需要在经验中验证，因此对于学生的写作元认知发展而言，其相关训练至关重要。英语写作元认知训练存在一个基本视点，即强调经验性原则。在写作元认知训练过程中，学生需要有意识地积累写作经验，形成固定的写作元认知模型，逐渐了解和掌握元认知各维度对写作成绩的影响。这一点对教师也提出要求，要求教师开展可以让学生进行自我评价、自我检查以及自我监控的教学活动，加强学生对写作认知模型的认知感，从而提高学生的英语写作元认知水平。

（五）英语写作元认知的测量工具

在研究英语写作元认知的过程中，人们不能直观地掌握其发展水平，需要应用相应的测量工具，其原因在于英语写作元认知属于中介变量。现阶段，常见的测量工具主要包括写作自传和认知风格问卷。写作自传是用于测量写作元认知个人变量情况的工具，不仅能够帮助学生及时监控自身的元认知发展情况，制定有利于提高自身写作水平的客观评价标准，还能够为教师掌握学生元认知基线提供参考依据。认知风格问卷是用于测量写作元认知任务变量情况的工具，能够帮助学生集中注意力于写作目标和运用策略，即明确具体的学习任务以及掌握相关的策略性知识。

四、高校英语的写作能力训练

（一）写作能力训练目的

高校英语写作能力训练目的是让学生可以自由写作，帮助学生掌握写作模式，培养写作习惯。

（二）写作能力训练要求

1. 课内同课外相结合

课内训练以模仿性写作练习为主，课外训练以交际练习为主。教师可以给予指导，并进行督促和检查。

2. 循序渐进同系统训练相结合

英语写作训练必须由浅入深、由易到难。教师应注重基本功训练，根据学生的英文水平，从有控制的写的练习到有指导的写的练习，最后到自由写作，按照各写作训练的要求进行系统训练。

3. 听、说、读的训练同写作训练相结合

听力训练时，教师要让学生记录听到的关键词或句子，这有助于学生听懂大意，理解篇章结构。在口语训练时，教师要让少数学生口述，同时让大多数学生用笔写。在阅读训练时，教师要让学生做读书笔记，边读边记录主题句、关键词等，这样可以使学生对篇章结构和词句的理解更深刻，从而促进学生写作能力的提高。

4.思维同写作相结合

教师要引导学生注意观察事物间的相互关系,如因果关系、空间关系、时间关系等,将英语句子作为思维工具进行构思和连贯表达。

(三)写作能力训练过程

一般来说,写作能力训练过程应包括三个阶段:

1.准备阶段

准备阶段的教学目标是让学生在教师的指导下全面分析、掌握材料,形成写作提纲和"腹稿"。具体内容包括以下五项:①阅读、分析有关材料(文字或图表等),掌握事实;②拓宽思路,集思广益;③交流观点;④记笔记;⑤拟写作提纲。

2.写作阶段

写作阶段的教学目标是使学生在充分准备的基础上进行文字写作实践。这一阶段的具体内容包括以下四项:①拟草稿;②自检错误;③文字推敲、润饰;④初步定稿。

3.修改阶段

修改阶段是反馈机制下的一个开放性过程,其教学目标是通过师生信息互动,使学生的作文逐步完善。具体包括以下三项内容:①自拟思考题;②教师面批;③对照教师指出的学生普遍存在的错误,对自己的文章进行多层面的修改。

第三章 高校英语课堂中的教学模式

第一节 英语多模态教学模式

一、英语多模态教学的相关概念

(一) 多模态

随着现代信息技术的发展与多媒体教学设备的普及和完善,教学环境得到了极大改善,为多模态教学引入课堂提供了基本的技术条件。多模态是指通过整合、编排或编织多种不同模式的符号资源而形成一个语篇。从人类感知通道的角度来看,多模态就是同时使用两种或两种以上的模态。例如,学生在课堂上学习,一边听教师讲(教师的"言语"模式所对应的是学生的"听觉"模态),一边看教师的动作演示和黑板上的板书(教师的"姿势"和"书写"等模式所对应的是学生的"视觉"模态)。按照感知模态的划分标准,有些模态只是一个单模态,却涉及两种或两种以上的符号系统,换言之,按照符号系统多少的划分标准,这些模态也是多模态的。例如,报纸上的一篇新闻报道只涉及视觉模态,但它既有报纸的特定版式、色彩、字体,又有新闻的图片和文字,所以常把报纸看作多模态的一种形式。

（二）话语模式与模态系统

任何一种话语模式都是通过某一种媒体表现或者通过几种媒体协同表现的，采用不同媒体可以产生不同的交流模式，模式的使用和变化在一定程度上会影响信息的流动和话语特征。在英语课堂教学实践中，按交流渠道划分，师生主体的话语模式主要包括口头、书面、电子、身体动作等。在教学设计或评价中，不仅要根据不同的教学活动而有所侧重，还要注意不同话语模式之间的关联和整合。在课堂教学中往往是综合运用不同的身体动作，例如，"手舞足蹈"就是几个部位协调动作的结果。再如，要求学生根据课文内容编排节目，在课堂上进行表演，这种表演就同时调用了口头、身体动作甚至书面或电子等话语模式。有多种话语模式共同参与的教学活动的教学效果是显著的，所以在教学过程中，教师既要善于运用各种话语模式，促进学生有效的模态输入，还要有意识地组织学生调用各种话语模式，强化输出，增强课堂教学的效果。

学生是课堂学习的主体。作为信息受体，学生在课堂上的主要模态及其使用频率能够反映甚至可以决定一节课的教学模式、教学方法和教学效果。英语课堂教学中的主要模态系统包括听觉模态、视觉模态（包括文字模态、图片模态等）、触觉模态等。在高校英语课堂教学实践中，因为课型、教学对象、教师观念和教学模式等方面的不同，各种模式或模态发挥的作用也不尽相同，往往有主次之分。根据多模态研究的需要，把其中处于主导地位的模式称作"主模式"，而其他处于辅助地位的模式称作"辅模式"，辅模式对主模式起到强化、补充和调节等作用，各种模式协同地实现课堂教学话语意义。同样，也把模态分为主模态和辅模态。例如，英语写作课堂话语的主模态是通过书写模式呈现的文字模态，但也常需要通过听觉模态等辅模态强化输入，促进写作教学。

（三）多模态话语与课堂话语

多模态话语是相对于单模态话语而言的。根据话语涉及的模态数量划分，只有一种模态的话语是"单模态话语"，同时涉及两种或两种以上模态的话语就是"多模态话语"。根据社会符号学，多模态话语是指在一个交流成品或交流活动中不同符号模态的混合体。换言之，在一个特定的、完整的话语中，不同的符号资源协同地构建意义、实现交际目的。

课堂话语是话语的一个特殊类型，是课堂上师生为了一定的教学目的，运用一定的教学手段，通过一系列有组织、有计划的教学事件而协同构建的话语。英语课堂话语不同于一般的课堂话语，语言在这里既是一种交流手段，也是学习的工具，还是学习的目的，所以，语言始终是英语课堂话语中起主导作用的教学媒体、教学模式和教学模态。

在基于计算机和课堂的多媒体教学模式中，高校英语课堂话语具有典型的多模态属性。这是现代信息技术与高校英语课堂教学整合的结果，也是高校英语教师更新教学观念的结果。为了优化学生的语言输入，促进语言输出，强化语言交际和课堂互动，高校英语教师普遍采用丰富多彩的多媒体、多模式、多模态教与学的手段。在多媒体、多模式、多模态高校英语课堂教学条件下，对媒体、多媒体、媒体间性的研究有助于把握新媒体的演变规律，创新课堂媒体形式和文化；对模式、模态的对比研究有利于高校英语教师优化课堂教学设计。教师既要充分利用多媒体教学条件，最大限度地调动学生以听觉、视觉等模态为主的多模态学习，促进学生的语言输入，又要指导学生合理使用多种媒体手段，通过口头、书面、电子和身体动作等多种交流模式，强化反馈、互动等输出机制，开展积极、有效的语言学习。

二、英语多模态教学的教案评价与课堂评价

（一）英语多模态教学的教案评价

在英语课堂教学中，学生动用的主要模态是听觉和视觉两种，但这主要是针对语言输入的方式，而决定英语教学有效性的一个重要指标是参与度，更应当关注学生的语言输出，特别是学生用口头、书面、电子、身体动作等话语模式进行语言输出活动。换言之，一个优秀的教案应当设计各种不同的教学活动，充分发挥多媒体、多模式、多模态教学的优势，这是在评价教案关于学生主体参与度落实情况时的重要参数。

评价高校英语课程教案的另一个重要参数就是互动性、参与度、有效性教学原则在教学流程、教学活动中的落实情况。课堂教学的关键在于互动，在于学生的参与，而互动教学成功的关键在于教学设计。在高校英语课堂教学设计中，教师要充分利用多媒体教学条件，调动多模态学习，悉心布置五大支点，即课堂导入、信息呈现、同伴合作、学习强化和教学评价。

（二）英语多模态教学的课堂评价

1.多模态课堂教学评价意义

多模态课堂教学评价是提升高校教育质量的重要手段，而多模态课堂教学评价标准的确定又是实施多模态课堂教学评价的关键性环节。高校英语多模态课堂教学的评价标准应突出英语课程特性，科学、有效地实施教师课堂教学评价，促进教师的专业发展，提高教学质量。

高校英语多模态课堂教学评价具有评定、改进、激励等功能。在高校英语教育教学的改革中，教学主管部门应当充分发挥听课、评课的功能。科学、公

平、合理的多模态课堂教学评价，有助于调动教师参与教学改革的积极性。高校可以通过多模态课堂教学评价，了解教师课堂教学的质量和水平、优点和缺点等。多模态课堂教学评价所提供的反馈信息，可以使教师明确教学目标的实现程度，明确课堂教学活动中所采取的形式和方法是否有利于促进课堂教学目标的实现，提高教学设计的水平，积累经验，以便在以后的教学中更好地完成教学任务，不断提高教学质量。

2.多模态课堂教学评价要素

开展多模态课堂教学有效性评价工作，必须从教学系统要素及其相互关系出发，特别是从教学实际出发。与常规课堂相比，高校英语多模态课堂教学是信息教学技术与高校英语课程的整合，它遵循"教师主导—学生主体"的教学结构，采用以"自主、探究、合作"为特征的教与学方式，为学生构建一个新型的学习环境。所以，评价高校英语多模态课堂教学的效果，不能只停留在传统课堂教学评价的层次，必须充分考察教学媒体的重要作用，从信息技术与课堂教学整合的视角来看待。对一节课的教学评价，应当站在主体间性的哲学高度，从教师、学生两大要素出发，将教学内容和教学媒体的评价分别融入教师、学生两大要素的评价之中。

（1）教师要素评价

教师是多模态课堂教学的设计者、实施者、组织者。在以教师授课为主的教学环节中，教师是信息的载体，通过各种途径，向学生源源不断地输送知识信息、语言信息、思想信息、心理信息和学习认知策略信息；在以学生为中心的学习活动中，教师是有力的组织者、参与者和促进者，通过有效的教学任务设计和课堂组织，帮助学生积极主动地探索知识和技能，培养学生的合作意识和批评思维能力。在整个教学过程中，教师的信息素养很大程度上决定着教师对教学媒体的使用和对教学模式的改革，决定着教师主导作用的强弱，往往也决定着学生主体地位的落实效果。

多模态课堂教学的质量取决于教师的专业水平、教学水平、教学风格及品行情操等诸多因素，取决于教师的信息素养及其对媒体间性的综合运用效果。不同的评价体系、评价标准及评价主体，会有完全不同的评价结果。多模态课堂教学评价具有很大的主观性。但是，可以通过分析教师所设计的教学流程和教学活动，分析教师所采用的教学手段及其在整个多模态课堂教学过程中所扮演的角色和表现，从而比较客观地了解教师是否完成了教学目标任务，判断教学效果是否理想。

（2）学生要素评价

在以教师为主导、以学生为中心的"学"的活动中，学生是学习的真正主体。学生通过运用各种媒介和交流模式，独立完成或以小组的形式参与完成教师所设计的教学活动，学习语言知识，强化语言技能，提升跨文化素养，增强批判思维意识。针对学生主体的多模态课堂教学评价，不仅要考查学生的学习表现，如学习动机、学习中心地位、学生参与度、自主学习能力、协作意识、批判意识，并通过对上述因素的分析了解学生的学习效果，还要考查学生自身对课堂教学效果的反思与评价。

3.多模态课堂的听课与评课

在新媒体时代背景下，教学媒体在教学系统四要素中的地位和作用毋庸置疑。但是，在基于计算机与课堂的高校英语课程教学环境下，听课与评课不能只关注多媒体使用的多少、多媒体使用时间的长短、话语模式的多少、模态搭配的好坏。在教师专业发展中，教师一定要把握住以促进"教"与"学"为根本宗旨的听课与评课原则，树立正确的听课与评课观念，关注教学的效果。

听课与评课的真正目的并非批评或筛选，其根本宗旨在于促进和提高。教师要通过观摩同行授课，调查学生对课堂教学的评价和意见，评价他人的课，参与教学竞赛观摩讲评等活动，进行深入的反思和研究，重点分析同行在教学过程中所表现出的教学观念、教学策略和智慧，不断更新自身的教育教学观念，丰富自身的教学个性和风格，吸收同行的优秀理念、模式与方法，以便在研究中行动，在行动中研究，不断促进自身的专业发展。

同行听课与评课是教师行动研究的一种重要途径。在听课过程中，听课者应当做好观察与记录。当然，观察哪些，记录哪些，取决于听课的目的及听课者的听课观念、态度和素养。假若听课的目的是考查学生课堂参与度，那么观察和记录的焦点应当放在教师、学生及其运用各种教学媒体进行交流的话语量上。

听课不是目的，听课后的交流才是听课的实质意义所在。听课后的交流通常被称为评课。评课不仅包括执教者的自评，也包括听课同行的观点表达和咨询指导。这里的"评"字不仅仅是评价，更重要的是交流。因此，要先请执教者进行自评。在开展自评时，教师可以谈自己对教学目标的定位及其与整个单元目标或学科目标关系的理解，也可以谈自己对教学重点、难点的处理方式，以及学生课堂表现与教师最初设计之间的差距等。在教师自评之后，听课者可以从评课标准、教师理念、学习目标达成等角度，清楚明确地阐述自己的观点，不仅要评价课堂设计、教学环节、教学表现等显性活动，更要剖析课堂事件所体现出来的教学理念、教法和学法，引导执教者本人及其他一同听课的教师深入反思，养成在行动中研究、在研究中行动的习惯，不断积累经验，把实践探究与理论创新有机结合起来，实现感性体验与理性思考的有机融合，把每一次听课与评课活动都转化为一次集体智慧碰撞和个人专业成长的机会。

听课与评课活动是教师行动研究的重要途径，其最终目的在于不断改进自我行动。听课与评课后的创造性应用与实践，对于执教者和观摩听课教师都具有重要的意义。教师是一个在实践中学习、在实践中反思、在实践中成长的专业群体，由外而内的意义构建对教师的专业发展来说是一个必经之路。经过听课后的认真思考及评课的同行交流，教师可以在以后的教学实践中结合自身的理解、风格和特点等，对听课与评课中的收获进行创造性地改造、应用，并进一步反思、探索、体验和研究，不断提高。通过听课与评课活动，教师能够获得不同的思想、观点、经验和设计，这些都是难得的学习资源。

三、英语的多模态教学模式构建

随着新科技的不断发展，更多的高科技产品出现在人们视野当中，并在生产和生活中起着越来越重要的作用。人们也逐渐适应了这些新的科技，开始尝试通过图像、视频等媒介传递和获取信息，这种信息传递方式称为多模态信息获取方式。目前，我国传统的高校教育也与多模态信息传递模式有很大的关系。在以往的高校英语课程教学过程中，教师将教育教学重点和主要精力集中在了语言的模态上，忽视了其他模态的存在价值，最终的结果就是教学效果达不到预期的标准。在信息技术飞速发展的大环境下，我国高校英语专业教师如何真正提升教学效果就成为一个急需解决的难题，这就需要构建英语的多模态教学模式。

（一）英语的多模态教学模式构建原则

多模态教学模式的直观性以及多样性可以使学生拥有更多的时间来更好地参加英语实践活动，这种模式对学生的训练深度和规模也是传统模式的英语课堂所不能企及的，但是需要注意的是，这种教学模式也是一把双刃剑，只有处理得当才能够将学生的注意力集中到知识的学习上，从而达到提高学习效果的目的，如果处理不得当就会导致学生无法集中注意力，对知识点的学习产生干扰。因此，在构建多模态教学模式的时候，模态与多媒体之间的结合一定要遵循以下原则。

1.适配原则

适配原则主要是指在选择不同模态进行教学的时候，要注意做好模态与模态之间的有效配合，进而获取最佳的搭配标准。例如，在语法教学的时候，可以先让学生通过阅读找出重点句子，归纳、总结语法要点，然后在实际写作中进行仿写，巩固语法，从而更好地调动学生学习的主动性和积极性，产生意想不到的效果。除此之外，教师要切实把握好教学内容和学生的现有认知水平，一旦选用的模态与这两者不相关或者不适合，该模态就不会带来预期的教学效果。另外，教师也要选择适合自身条件的模态，如果所采用的模态超出了教师现有的多媒体应用能力或使教师投入过多的精力，那么也可以考虑用其他模态来替代。

2.有效性原则

有效性原则要求教师在选择何种模态进行教学的时候以更好的教学效果为目的，避免使用无效的模态。例如，当教师用课件给学生展示语法要点的时候，采用文字、图片或者音频等模态时要注重强化含义，让学生的注意力集中到英语语法知识点上来。

（二）英语的多模态教学模式构建途径

多模态教学是在多模态理论基础上提出的一种新型教学模式，教师可以将选取的语言材料进行编辑处理，然后借助多媒体资源对语言信息进行有效传达，使学生通过视觉、听觉、触觉等进行多方有效互动，从而创造出一种多模态交替或并举的教学情境。多模态教学模式的提出为英语课程教学提供了一个全新的思路，帮助教师更好地利用包括语言模态在内的多种模态形式，进一步增强教学内容的吸引力，从而将学生的学习积极性提升到一个更高的位置。学生的主观能动性也会在这样的一种状态下被极大地激发出来，只有学生愿意主动地去学习，才会达到最终的教学目的并产生良好的学习效果。因此，高校英语教师在备课的时候就要充分考虑并设计需要讲解内容的模态形式和组合方法，将其循序渐进地引入课程教学中去。

每堂课开始的时候，英语教师要先对上节课所学习的内容进行检查，以此来了解学生对所学内容的真实掌握情况，这样能够起到非常好的监督和管理的作用。教师在导入新课时，可以选择一些当前比较热门的、学生也感兴趣的话题来引入本节课需要讲解的内容，也可以用一些真实案例来引起学生的共鸣，这样一来学生对所要学习的内容才会有更加深刻的认识，学习起来才会更有效果，例如运用导入图片、视频和音频等方式有效提升学生的参与程度，让学生真正了解所学的知识点，并真实有效地将其运用到实际的生活当中。在运用上述方式导入之后，英语教师还要明确课程的教学目标，通过一些符合学生思维的教学方式将重要知识点传递给学生。相对于单纯的口头传达，多模态形式下的教学效果更好。

增加与课文内容有关的文化背景知识等，既是帮助学生深入理解课文的必要途径，又是增加课堂趣味性的有效方法之一。鉴于课堂时间有限，教师可以将这一部分内容作为预习任务让学生在课下进行，由学生组成小组在实际学习中去讨论和了解。

除了传统的字词句和语法教学，教师还要做好相关媒介以及模态模式组合的选择。学生是整个英语教学的主体，所以一切的教学任务都是以学生为中心的，教师主要的责任就是给予学生有效的引导。教师可以综合运用文字材料、声音文件、视频文件、网络教学软件或者自制课件等，最大限度地调动学生的多方感官，不断激发学生的学习兴趣，调动他们的学习积极性，提高他们学习的参与度。例如：教师在讲解精读课文的时候，可以将文章作者的观点作为实时教学的话题，组织学生结合一些实际问题来分析探讨；在讲解含有多个人物的课文时，教师可以让学生进行角色扮演，引导学生对所扮演的角色进行深入的分析，考查学生对人物心理活动的把握状况，这样有利于加深学生对课文的理解。

除此之外，在每节课的最后，教师还可以设置 10 分钟左右的问题解答时间。在这一阶段，学生可以将自己在学习中遇到的问题向教师反馈，教师可以选择自己解答，或者邀请其他学生一起解答。如果在课堂中提问较少，且时间较充裕，教师就可以对提出的问题进行及时有效的解决；如果解答问题的时间不够，教师就可以先将这些问题记录下来，让其他学生在课下进行思考，将这些问题作为课后作业的一部分，并在下节课上课的时候，对这些问题进行详细的讲解。

（三）英语的多模态教学模式构建意义

高校英语多模态教学模式的构建是值得我国高校英语教育者认真思考的一个话题。将多模态的理论引入英语教学，重视语言材料的编辑处理，有效借助多媒体资源，创建多模态交替或并举的教学情境，为学生提供多种感官的互动，有助于提升我国高校英语教学水平，构建培养高质量英语专业人才的教学体系，提高学生的自主学习能力和创新能力，激发学生的英语学习兴趣，培养学生在英语学习和实践过程中的合作精神，培养国际化人才，满足社会需求。

第二节　英语微课教学模式

一、微课教学模式的特征与优势

微课作为新时代的全新教学模式之一，凭借内容的精要化、时间的灵活化、主题的鲜明化以及形式的多样化等一系列特征，引起了我国高等教育领域的高度重视。

"微课"一词可以囊括"微讲座""微课程""微课教学"三种。借助当代信息技术与通信技术，微课演变成为一种可普遍推广的教学行为，一种由普通教师而并非需要专业人士就可以设计开发和记录优质教学资源的手段，并因此而催生多种基于微课的创新教学模式。

（一）微课教学模式的特征

"微时代"是人们以各种小巧便携的移动终端为载体，通过微博、微信等随时随地了解全球资讯的时代。在教育领域，微课正在开启教育的"微时代"。随着移动通信技术、社交媒体的逐渐运用以及以开放、共享为理念的开放教育资源运动的蓬勃发展，微课作为一种重要的教育资源，日益成为教学模式改革的崭新尝试。

微课又称微型课程、微课程，是指时间控制在10分钟之内，有明确的教学目标和主题，内容短小精悍的视频小课程。微课内容"小而精"，能够有效解决教与学过程中的重点、难点，以一定的组织关系和独特的呈现方式营造主题式的单元"小环境"。微课不同于传统单一资源类型的教学课例、教学课件、教学设计等，它是一种新型教学资源，能充分利用移动信息技术，切合信息时代学生的认知特点，让学生自由选择时间和空间对课堂教授内容进行深入学习，并且通过师生在线交流使教与学相互促进，为传统课堂教学提供重要补充，有利于提高教学实效性。

微课这种新型的教学资源应用模式是传统教学模式在"微时代"下的衍变，其特征可用"短""少""小""多"来概括，具体如下：

1. 短——教学时间短

微课的教学时间是根据学生的认知特点和遗忘曲线等设定的。与一节课40分钟相比，微课是浓缩的精华，一般只有5～8分钟。

2. 少——教学内容少

一个微课就一个主题，讲述的是一个具体问题或一个明确的观点。和传统课堂的教学内容相比，微课的问题聚焦性强、主题突出、指向性明确，所有的教学设计与制作都是围绕某个知识点展开的，便于学生的学习和理解。

3. 小——资源容量小

从大小上来看，微课视频及配套的资源总容量一般在几十兆左右，所占存储空间非常小。因此，师生可以流畅地通过计算机或移动终端设备进行学习和保存。

4.多—资源类型多

微课按照课堂教学方法可划分为讲授类、问答类、启发类等。丰富的课件资源为广大教师进行教学、反思和研究提供了充足的素材,也为学生进行自主学习、合作学习提供了帮助。

(二)微课教学模式的优势

1.资源构成"情景化",使用方便

微课采用的教学形式非常多样化,教学内容也非常明确、完整。视频片段的播放方式以及多样化的多媒体素材等更加容易使教学内容情景化,从而加深学生的认识以及理解。教师在进行微课教学时利用教学课件更容易将学生带到教学情境中,使学生更加真实和具体地体会到教学中的内容,提高学生的思维能力以及感知能力,同时还能提高自身的专业能力,从而提升课堂教学质量。

2.主题突出,内容具体

微课的主题非常精练而且专一,内容具体,有助于通过对单一问题、难点的精练以及学习,加深学生对知识点的理解,提升学习效果。

3.成果简化,多样传播

微课所表达的内容非常清晰、完整,主题非常突出,所以微课的教学内容很容易被学生理解和学习,其成果简化,易于转化和传播。由于教学时间短、容量小,所以微课的传播方式是多样的,如微博传播、微信传播等。

4.反馈及时,针对性强

微课教学内容少,而且教学时间短,教师在教学结束后很容易得到学生对教学内容的反馈。同时,微课可以起到辅助教学的作用,从而使得教学内容更加具有针对性。

二、微课教学模式在英语课程中开展的环节

借助微课来展开英语教学,包括三个环节——课前准备、课中授课、课后巩固(图 3-1)。

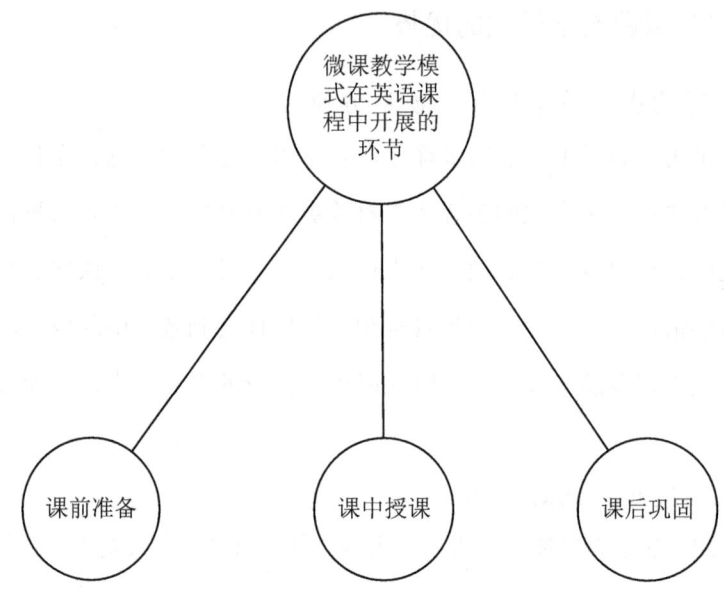

图 3-1 微课教学模式在英语课程中开展的环节

(一)课前准备

课前准备主要包括以下三个方面:第一,教师要根据全班学生英语的基本情况拟定一个科学合理的教学计划;第二,教师要编写一个可以容纳所有教学重点的导学案,以此来激发学生的学习热情,让他们积极地投入学习中来;第三,教师要在备课的时候认真钻研教材内容,预先勾选出教学中的重点、难点,让学生在课前翻阅资料进行预习。

（二）课中授课

课中授课主要有以下四部分内容：

第一，导入课题。这部分尤为重要，成功导入可以激发学生的学习热情，提高学生的学习兴趣。例如，教师可以用讲故事、说笑话、做游戏这样的活动导入课题。

第二，借助微课来讲解本堂课的具体内容。通过由浅入深的分析，将所授内容进行归纳整理，以便于学生对知识点的掌握。

第三，借助做习题的方式帮助学生加深印象，并且将所学知识用于实际。教师可以通过这种方式来检查学生对知识的掌握情况，出错率高的知识点应该重点讲解分析。学生也能通过做题了解自己知识的薄弱点，有不明白的问题时可以选择当堂询问老师，也可以选择课后自己解决。

第四，知识延伸。在学生已经熟练掌握所学知识的情况下，教师要引导他们进行更高层次的知识学习，开拓学生的视野，扩充学生的知识面。

（三）课后巩固

课后巩固阶段主要有以下三部分内容。

1.课后的作业布置

下课之后，教师要布置与课程内容相关的题目，用来检查学生对教学内容的掌握情况，巩固所学知识。

2.学生的自主温习

如果在课内有个别内容未能消化理解，那么学生可以在课后利用微课视频进行再次学习。当然，在温习功课的时候选择再次浏览微课视频，不仅能帮助学生梳理所学知识，还能再现课堂内容，加深学生的印象。

3.学生互动讨论

若在学习上遇到困难，学生则可以借助微课视频和同学们进行探讨，这样不仅解决了问题，还巩固了知识。

总而言之，微课是通过影像的方式展开教学的，它具有简短精练、传递知识快捷等特征，能够激发学生的学习热情，让他们在英语学习上化被动为主动。微课的诞生颠覆了传统的教学模式，把知识要点浓缩在一个教学视频上。虽然教学内容少，但重点突出，具有针对性；虽然视频时间短，但把时间交给了学生，学生只要在这短短的几分钟内认真观看视频，就能掌握基本要点。

三、英语课程中多元化微课模式的创新

（一）开门见山式微课教学模式

教师如果采用开门见山式微课教学模式，往往在微课开始时就点明主题，不拐弯抹角，直接介绍本节微课的主要内容与学习目标。这种开讲方法能够引起学生的足够注意，便于学生抓住本节课的知识脉络。通过对本节课重点概念或关键问题的介绍，引入知识内容，既突出了授课的重难点，又是一种微课知识引入的良好方式。开门见山式微课即在视频刚开始就直接阐述微课题目，在这方面，微课与传统授课过程还是有区别的，即略去课堂语言。开门见山式微课主要针对学习兴趣比较浓厚、积极性较强的学习对象。笔者下面重点讲一下开门见山式微课教学模式设计和开门见山式微课的适用场合。

第一，开门见山式微课教学模式设计。开门见山式微课通常教学内容简洁明了，直接切入主题。在开门见山式微课教学设计中，知识点的引入要能激发学生的学习兴趣；知识的讲解要紧凑；教学媒体的选择要适合教学内容；教学

总结要突出重点，还可以设置一些问题，以检验学生的学习效果。

第二，开门见山式微课的适用场合。开门见山式微课直接点明主题，明示讲解的主要内容与学习目标。这种方式适用于主动学习的学生，或者是目标明确、积极向上的学习对象。

英语课程的开门见山式微课适用于课程的概念阐述、重难点解析和疑点解析。

（二）情境式微课教学模式

情境式微课即发生在特定时间、特定场合下的各种情况相结合带来的不同场景的微课。情境可以是一种社会环境，它与个体有着紧密的联系；情境可以是一种心理状态，它关乎着个体在社会事实作用下的心理状况，因为不同的环境和空间对每个个体有着不同的影响。因此，情境是指在一定时间内各种情况的相对的或结合的境况，包括戏剧情境、规定情境、教学情境、社会情境、学习情境等。在教学中，情境也指能够引起个体心理变化、情感表达、思维感知的特定环境。在高校英语教学中，教师应设置各种真实情境，对学生进行思维的启发，让学生在不同的情境中有不同的思考。情境给学生提供了学习与思考的空间，刺激了学生在学习过程中的智力发展，是一种能引导学生发现问题、分析问题、解决问题的信息源。

英语课堂的引入要重视情境的创设、任务的设置，以激发学生的学习兴趣，让他们在情境中捕捉各种信息、产生疑问、分析信息，引导他们在亲身体验中探求新知、开发潜能。笔者下面重点讲一下情境式微课教学模式设计和情境式微课的适用场合。

第一，情境式微课教学模式设计。在情境式微课中，情境的创设要贴近生活，以吸引学生，与学生产生共鸣，提高学生参与的兴趣和积极性。知识的讲解要注意层次性，注重引导学生多思考。教学媒体的选择要契合表现教学内容的形式。问题的讲解要注重情境的延续性，最终要解决情境中的问题。教学总结考核最好设置一些问题，来检验学生的学习效果。

第二，情境式微课的适用场合。生活展现情境中，学生往往能直接、鲜明地感知目标，在观察进行想象、对比等，这类情境比较适合认知类和素养类课程。表演体会情境中，学生可以扮演不同的角色，这类情境适用于英语情景剧式微课。英语语言描绘情境中，语言要具有形象性、启发性和可知性等，适用于素养类、讨论式的课程。教师创设情境时，要基于自身所占有的教学资源和自身技能，合理选择工具。

（三）探究式微课教学模式

探究教学模式是指在教学过程中，要求学生在教师指导下，通过以"自主、探究、合作"为特征的学习方式对当前教学内容中的主要知识点进行自主学习、深入探究并进行小组合作交流，从而较好地达到认知目标与情感目标要求的一种教学模式。其中认知目标涉及与学科相关知识、概念、原理与能力的掌握；情感目标则涉及思想感情与道德品质的培养。探究教学模式不仅有利于较深入地掌握知识技能，更有利于创新思维与创新能力的形成与发展，有利于创新人才的培养。在此过程中，能否取得成就的关键是，学生在学习过程中的主体地位是否能得到比较充分的体现，同时还需要有教师的引导、帮助与支持。换句话说，探究教学模式的成功实施涉及两个方面——既要充分体现学生在学习过程中的主体地位，又要重视发挥教师在教学过程中的主导作用。离开其中的任何一方，探究学习都不可能有良好效果。可见，"主导与主体相结合"是这种教学模式的基本特征。

从某种意义上来说，探究教学模式更像是一种教学策略，是具备一定操作技能的策略。在英语教学活动中，探究教学模式从起初被提出时就一直存在于不同的阶段，具备框架性和结构性。

探究教学需要师生共同参与、一起探究，其目的并非培养少数精英，而是培养有素养、有科学意识的学生。教师在运用探究式教学模式时，要注重学生的主体地位，以学生为中心，促进师生的共同参与，引导学生进行情境交流，让学生通过不断探索来获取知识，使学生在探索的过程中解决问题。这种模式的教学有助于培养学生的创新能力，提高学生的英语能力。

英语探究教学模式是一种以学生为中心的教学模式，主要强调学生主体地位的发挥，倡导自主、合作、科学的学习方式与策略。然而，在微课的教学设计中，教师为主要讲解者，引导学生提出问题、探究问题、解决问题。探究式微课的教学设计包括提出问题、产生假设、验证假设、总结结论四个环节。

总而言之，探究式微课教学设计就是以知识点和技能点为教学内容，创设生活中与专业相关的教学情境，以问题为中心，采取合作交流的方式，在教师的引导下，使学生通过实验、观察、操作、调查、信息搜索等方式自主解决问题的教学设计。英语探究式微课适用于理论性与实践性并重的课程。

（四）抛锚式微课教学模式

抛锚式教学有时也称"实例式教学"或"基于问题的教学"。这种教学要求学生到实际的环境中去感受和体验问题，而不是听这种经验的间接介绍和讲解。在实际情境中一旦确立一个问题，整个教学内容和教学进行进程就被确定了（就像轮船被锚固定一样）。抛锚式教学与情境式学习、情境认知以及认知的弹性理论有着极其密切的关系，只是该理论主要强调以技术学为基础的学习。约翰·布朗斯福特（John Bransford）是该理论的主要代表人物，对抛锚式教学的理论和研究作出了贡献。

抛锚式教学是指在多样化的现实生活背景中或在利用技术虚拟的情境中运用情境化教学技术以促进学生反思、提高迁移能力和解决复杂问题能力的一种教学方法。抛锚式教学作为学习框架之一，要求学习者通过在相应的技术环境中的学习来处理相对复杂的问题。在抛锚式教学的学习环境中，学习者所学的学习内容和学习过程是具有真实性的，学习的结果也可以迁移运用，不断提高学生的学习兴趣，使学生的学习变得更有活力。

英语抛锚式教学要求建立在有感染力的真实事件或真实问题的基础上。通常将这一类真实的事件和问题称为"抛锚"，因为如果这类事件和问题被认定了，整个教学活动中所进行的教学内容就被固定下来。在建构主义学中，学习者如果想构建自身所学知识的框架，即深入了解所学知识的性质、规律等方面，最有效的方法无疑是在真实的环境中去学习体验，通过实践获得经验，而不是仅仅听从教师对经验的介绍以及讲解。

英语抛锚式教学中的核心要素是"描"，学习与教学活动都要围绕着"锚"来进行设计。教学中使用的"锚"一般是有情节的故事，而且这些故事要设计得能引起教师和学生的探索欲望。在进行教学时，这些故事可作为"宏观背景"提供给师生。英语抛锚式教学模式在全球范围内有较大影响，已得到广泛认可和应用。

英语抛锚式教学的基本环节包括创设情境、确定问题、自主学习、协作学习、效果评价等。然而，由于微课本身是一种单向的教学，抛锚式微课教学更多的是以真实事例或问题为基础的实例式教学，或者是基于问题的教学。

英语抛锚式教学的主要目的是使学生在一个完整、真实的问题、事件或环境（具体而言就是一个事件、一个真实的场景，或者是一个真实的项目）中产生学习的需要，并通过合作学习，凭借自己的主动学习、生成学习，亲身体验从识别目标、提出目标和达到目标的全过程。总而言之，英语抛锚式教学是使学生适应日常生活，学会独立识别问题、提出问题、解决真实问题的一个十分重要的途径。

（五）理实一体式微课教学模式

理实一体式微课即理论实践一体的微课教学设计模式，其不同于以往理论与实践相脱节的教学，教学环节相对集中，强调充分发挥教师的主导作用，通过设定教学任务和教学目标，让师生双方边教、边学、边做，全程构建素质和技能培养框架，丰富理论教学与实践教学环节，提高教学质量。在整个英语教学环节中，理论和实践交替进行，直观和抽象交错出现，没有固定的先实后理或先理后实，而理论中有实践演示，实践中有理论的应用，侧重学生动手能力和专业技能的培养，注重激发学生的学习兴趣。英语课程中理实一体式教学中主要运用讲授法、演示法、练习法。

第一，讲授法。英语课堂上的讲授法很重要，通过不同项目的演示操作，以及对相关内容的总结，以此来提出相应的概念和理论基础。同时又要以教学内容为出发点，不但要突出重点，更要按照系统的有序性来进行教学活动。通过"提出问题—分析问题—解决问题"的方式，做到由简入繁，不但服务于知识结构本身，而且符合学生自身的学习规律，并能使学生对专业知识有深刻的理解。

第二，演示法。英语教师通过演示法将实验操作展现在学生面前，以此来使学生获得更为清晰正确的知识内容。它不但可以使学生学到清晰正确的知识，也会不断深化学生对所学知识内容的理解，将抽象的理论与实践结合起来，以此来帮助学生形成新的观念、学习新的技能。同时教师也应准备好相应的教学工具。

第三，练习法。练习法是学生在教师的指导下，依靠自觉的控制和校正，反复地完成一定动作或活动方式，借以形成技能、技巧或行为习惯的教学方法。从生理机制上说，通过练习，学生会在神经系统中形成一定的动力定型，以便顺利地、成功地完成某种活动。练习在各科教学中得到广泛的应用，尤其是工具性学科（如语文、外语、数学等）和技能性学科（如体育、音乐、美术等）。教师应对每一个学生进行认真观察并做好笔记，以此加深对学生理解。此外，教师可让不进行实际操作的学生在旁边认真观摩，并指出相应操作中的错误。

理实一体式微课教学模式有利于实现教学与实践的协调统一。采用理实一体式微课教学模式，一方面，能够提高教师的理论能力和水平；另一方面，教师将理论知识应用于教学实践中，让师生的关系更为紧密，有利于平等、和谐师生关系的构建。这种教学模式不仅能激发学生的学习热情，还能培养学生的自学意识。理实一体式英语微课教学设计注重讲授与演示，教学环节相对集中。理实一体式微课不仅能将现场操作演示、虚拟展示、桌面操作过程等记录下来，而且便于模仿与推广。

四、英语课程中微课教学模式的应用

下面，笔者以手机微课为例讲解英语课程中微课教学模式的应用。

随着信息技术的迅速发展和智能手机的应用普及，学生的学习方式和教师的教学方式都发生了巨大的变化，传统的英语课堂教学已经无法满足当前的教育需求。以建构主义理论为指导，通过对手机移动学习和微课的特点进行分析，研究如何以手机为终端，系统而科学地构建微学习环境，开发微学习的形式和策略。

(一) 手机微课的优势分析

传统的高校英语教学以课堂学习为主，教学时间有限，方式比较单一，内容比较单调，知识更新不及时，导致学生学习兴趣缺乏、效率较低。手机微课可以从根本上改进当前的英语教学，主要体现在以下几个方面。

1.以学生为中心，提高学生学习的主动性和自主性

以学生为中心是高校英语教学的至高原则。学生基础参差不齐，接受能力也存在一定差异，因此，通过课堂学习达到预期的教学效果有一定的客观限制。而微课的出现可以在一定程度上改善这种情况。微课是一种提供给学生自主学习的教学资源，既可以作为课堂内容的有效补充，也可以满足学生的个性化需求。教师可以在课前通过手机终端或者计算机将微课视频上传，学生通过手机终端提前预习，这有利于提高教学效果。

2.英语教学更具延展性、开放性和整体性

利用手机终端的学习模式能够有效地利用碎片式时间，不受时间、地点的限制，可以实现泛在学习，比传统的课堂学习更具延展性和开放性。学生在课堂上没有消化吸收的知识可以通过存储微课资源进行课下巩固。微课短小精悍，言简意赅，比传统英语课堂更加高效便捷，教学方式更加灵活，与可以进行碎片式学习的手机终端结合，可以达到更为显著的教学效果。

3.充分利用网络资源，使英语教学也能够与时俱进

随着信息技术的迅速发展，网络教学资源日益丰富，而且更具热点性和时效性。英语教学主要从学生的听、说、读、写、译五个方面着手，网络资源的充分利用可以达到更好的教学效果。同时，资源的丰富可以激发学生的学习热情，促进教师与学生的垂直性和交叉性互动，增强教学效果。

（二）手机微课的设计原则

在微课设计方面，要以学习目标为指导，充分考虑学生的学习模式和高校英语教学的实际情况，精心设计微课内容。教学设计、创意和教师的教学智慧才是微课设计和开发真正重要的东西，这些才是微课的生命力所在。因此，高校英语手机微课的设计要满足以下几个原则。

1.以学生为中心开展互动式教学，实现个性化教学

在微课的设计当中，教师必须从学生的角度来考虑。微课以学生自主学习为主，因此要充分考虑学生的学习目的和学习方式。教师设计微课时，可结合学生的兴趣点、疑惑点、困难点，把教学内容分解为一系列小问题，顺着学生的问题思路展开设计。例如，英语中的词汇、语法本身具有独立性，较适宜通过手机微课的形式进行学习。教师可以将抽象的词汇和语法知识点具体化、可视化，制作成相应的微课视频。学生可以充分利用碎片式时间，将本身零散的知识串联。同时，在微课设计的提问环节，教师必须深入了解学生的兴趣点，从他们最关心的问题着手，以激发学生的参与性。

2.手机微课的内容设计必须简洁连贯、生动活泼

手机微课是以视频为载体的教学资源。随着信息技术的普及，网络为高校英语教学提供了丰富的资源。教师可以根据自己的教学内容和教学对象的实际情况，自主设计更具针对性的视频内容并应用于手机微课。考虑到手机微课使用的是碎片式时间，微课内容必须短小精悍、生动有趣，能够在短时间内达到预期教学效果。同时，各微课之间也要实现内容的连续。

3.手机微课注重情景的创建

建构主义注重学生的学习活动与外在情景进行有效的结合和互动，手机的移动学习，尤其是通过微视频的学习可以将学生的所学知识与社会情景融会贯

通,促进知识的内化和意义的构建。英语学习主要是语言文化的学习,在微课视频中加入生活情景和社会实践,有助于增强学生的记忆,激发学生学习英语的积极性和主动性。

(三)手机微课在高校英语教学中的课程设计

手机微课的课程设计可以从学习者终端、教师终端和智能移动学习平台三个方面入手。教师和学生都可以用智能手机登录,并进行视频上传和播放,同时教师和学生可以通过互动平台进行交流,实现手机终端与微课的有效结合。以下将以清华大学出版社出版,胡扬政主编的《现代酒店服务英语》(第2版)第一单元"前台服务"为例阐述手机微课的呈现形式。

课前,教师将学习任务通过网络平台提前告知学生,将"Service Position and Skills"的内容上传,让学生对于所学内容有所了解,并且将课文中的重点词汇如"the front desk"等发送给学生。教师可以通过语音合成软件将词汇合成语音供听力训练,也可以将词汇知识设计成微课形式加深理解,让学生通过手机终端进行预习。教师通过网络平台检测学生的课前学习进度,之后将课堂主要讲授内容以微课视频上传。内容主要为"服务流程"中的Check-in for the guest 和 Registering the group that has a reservation。微课视频的设计必须体现情景创建的策略。多项研究表明,教学中采用情景创建和案例分析的效果非常显著,而微课可以与案例教学完美结合,更具故事性和趣味性。教师应尽量避免按部就班地罗列酒店英语常用句型,可以在微课中设置人物,将以上两部分知识以故事方式展开,创建更为真实的情境,将酒店服务常用的英语句型,如"May I ...?""How would you like to...?"等穿插其中,从而达到知识的构建。

学生通过手机终端，在学习过程中对微课视频进行标注，实现标注和微课视频的结合，同时对微课进行提问和评价，教师通过互动平台进行回复，满足学生的个性化需要。课堂上，教师通过微课反馈结果来总结分析学生在预习阶段对微课视频提出的问题以巩固学生的学习效果。鉴于酒店服务英语的实用性，教师可以鼓励学生自己制作微课视频并上传至网络平台，以实现资源共享。视频的优势并非传递抽象的文字信息，而是传递具体、直观的图像信息，特别是连续动态的图像信息。学生对视频的制作普遍有很大的积极性。本单元最后一部分为"Performance for Service"，学生可以结合自身情况构建生活情境，制作微课视频，以供教师和其他同学交流。同时，教师通过平台上学生的反馈可以对学生的学习状况合理评价和监控，实现与学生的实时互动。

微课作为课堂教学的有效补充和延续，可以利用更加丰富的教学资源，充分发挥教师的创新性和学生的自主性。与手机终端的有效结合可以进一步增强教学效果。

第三节　英语翻转课堂教学模式

一、翻转课堂教学模式概述及其学案编写

（一）翻转课堂教学模式概述

互联网的普及和计算机技术在教育领域的应用，使翻转课堂教学模式的应用变得可行。学生可以通过互联网去使用优质的教育资源，不再单纯地依赖授

课老师去教授知识。而课堂和老师的角色则发生了变化。老师更多的责任是去理解学生的问题和引导学生去运用知识。

1.翻转课堂教学模式的内涵

通常意义上,大家对翻转课堂的解释就是,将传统的课堂学习和课后作业的顺序进行颠倒,即将知识的吸收从课堂上迁移到课外,知识的内化则从课后转移到课堂,学生课前在网络课程资源和线上互动支持下开展个性化自学,课堂上则在教师引导下通过合作探究、练习巩固、反思总结、自主纠错等方式来实现知识内化。

目前看到的翻转课堂实施结构模型(图 3-2)来自美国富兰克林学院数学与计算科学专业的罗伯特·塔尔伯特(Robert Talbert)教授,他在"线性代数"等很多课程中应用了翻转课堂教学模式并取得了良好的教学效果。

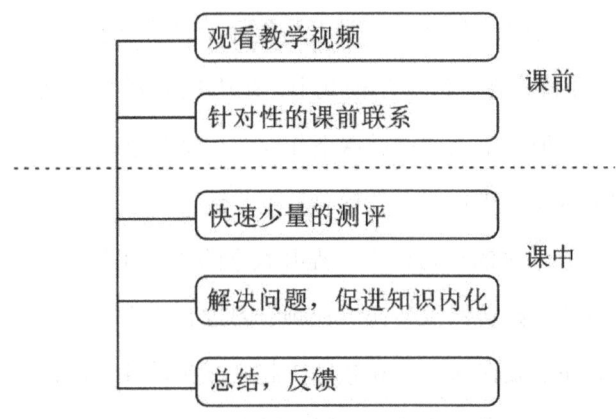

图 3-2　塔尔伯特的翻转课堂教学模式结构图

这一模型为后续学者、专家进行教学模式探索提供了基本思路。

随着教学过程的颠倒,教与学的流程、责任主体、师生角色、课内外任务安排、学习地点和备课方式等方面都发生了明显变化。与传统意义上的课堂教学结构相比,翻转课堂颠覆了人们对课堂模式的思维惯性,改变了学生学习流程，从新的角度揭示了课堂的新形式、新含义。有人认为，翻转课堂打破了持续几千年的教学结构，颠覆了人们头脑中对课堂的传统性理解，倡导先学后教、以学定教，赋予了学生更多的自主性和选择性，强化了师生之间的沟通与交流，实质上是学生学习力解放的一次革命。

综上可知，翻转课堂教学模式，是指学生在课前或课外观看教师的视频讲解，自主学习，教师不再占用课堂时间来讲授知识，课堂变成了老师学生之间和学生与学生之间互动的场所，包括答疑解惑、合作探究、完成学业等，从而达到更好的教育效果。

2.翻转课堂教学模式的特征

在翻转课堂中，教师在课程开始之前可根据教学计划、教学内容、教学重难点等将微视频精心设计和制作出来，学生可以在课下选择合适的环境自主学习教师制作好的微视频，然后在课堂上与教师、同学一起讨论、交流，解决自学时遇到的疑难问题。在传统教学模式中，知识的传授往往是在课堂上完成的，教师讲、学生听，最后学生通过做课下作业完成课堂学习。而翻转课堂恰恰相反，翻转课堂主张学生先自学，教师再教授，翻转课堂具有更强的互动性和自主性，它更能增强学生的学习效果，提升教学的质量和效率。

需要注意的是，翻转课堂与在线视频学习也有所不同，这主要是因为学生看完微视频后，还需要在课堂上和教师一起交流探讨各种问题，也就是教师和学生共同完成了有意义的学习活动。翻转课堂并不是让微视频直接代替传统课堂，也不是让学生随意进行学习。事实上，作为一种教学手段，翻转课堂增加了师生的交流互动。此外，翻转课堂的内容是能够被永久存档的，即使有学生因为身体等原因无法来上课，他们也可以通过翻转课程补上自己落下的课堂内容。那些基础薄弱的学生也能够随时根据翻转课程查漏补缺，如此一来，学生对于学习活动就会更加积极主动。下面是翻转课堂教学模式的特征（图3-3）。

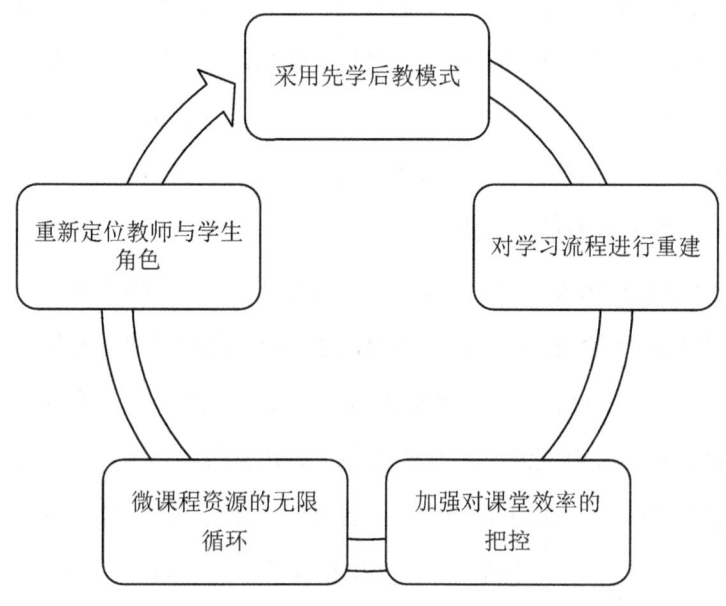

图3-3　翻转课堂教学模式的特征

（1）采用先学后教模式

翻转课堂是一种典型的先学后教的教学模式。在此种模式下，学生要在课程开始之前通过观看教师录制的视频或者是网络教学视频做笔记，完成相关的作业。在课堂上，学生可以将自己在自学过程中遇到的问题以及做作业时遇到的难题告知教师，和教师一起探究并最终解决问题。随着时代的发展和社会的进步，翻转课堂也要进行转型。在不改变"先学后教"顺序的同时融入新的方法和技术。以网络微视频为基础的先学后教是一种较为成功的教学范式。

与传统课堂以讲学稿、导学案为基础的先学后教模式相比，网络条件下由微视频主导的先学后教模式具有以下几个特征：第一，生动的讲解。和传统纸质的导学案相比，以视频呈现出来的教师讲解必定会更加生动形象，更受学生的欢迎和喜爱。第二，及时的反馈。与纸质导学案相比，由微视频主导的先学后教模式能够更加及时地得到学生的反馈，不管是课前学生自学情况的反馈，还是课堂上学生的学习反馈。第三，容易检索和保存。相较于导学案，电子资料更加方便检索和保存，更加有利于学生的复习。但实际上，不管是导学案还是微视频，所采取的都是先学后教的模式，二者的原理相同。

（2）对学习流程进行重建

翻转课堂最外化或者说最明显的标志就是它颠倒了教学流程。学生的学习过程往往分成两个阶段：一是信息传递，这一阶段的实现离不开师生和生生之间的互动；二是吸收内化，这一阶段则由学生独立完成。因为课下没有同伴的帮助和教师的指导，因此学生常常会在第二阶段，即对知识进行内化吸收时产生深深的挫败感，从而打击自身学习的积极性，丧失学习的成就感。翻转课堂模式的出现彻底改变了学生的学习过程。在课前，学生就已经完成了信息传递，并且学生在自学时能够看到教师的讲解视频，能够得到教师的在线指导；在课堂上，教师会引导学生通过互动完成对知识的吸收和内化，教师通过了解学生的反馈能够给予学生更加有效的辅导，而同学们的彼此讨论交流无疑也对学生的知识内化起到了较好的促进作用。

（3）加强对课堂效率的把控

对课堂的把控实际上就是对课堂的控制和调节。在翻转课堂模式中，课堂上的时间主要是知识内化和吸收的时间，如果能够对课堂进行有效调控，课堂氛围就会更加浓厚、课堂效率更高，从而能够更加充分地发挥出学生的创造性潜能。例如，在采用了翻转课堂教学模式的英语课堂上，教师更多地成为课堂的组织者、对话者、参与者，而真正的落脚点和出发点则是学生。教学活动实质上就是在各种教学活动引领下的学生的主动学习。在课堂上，教师要合理分配好各活动的时间，对课堂节奏有一个较好的把握，始终让学生成为总结发言、讨论交流的中心，让学生成为课堂的主体，让他们通过互动交流潜移默化地完成知识和技巧的掌握，并且教师要及时评价学生、时刻激励学生，推动课程的顺利完成。

（4）微课程资源的无限循环

就小范围而言，微课在被上传到网络后更加容易检索和保存，也更便于学生自学。教师和家长能够共同对学生的自学活动进行督促，让学生通过观看视频完成相关任务及测验。学生也可以从自身实际情况出发对微视频进行反复观看或者查漏补缺。此外，教师也可以借助相关网络平台，及时帮助学生解决问题，了解学生的学习进度和掌握情况，这不仅有利于教师改进微课视频，也有利于提高学生的学习效率。微课程能够让不同地区和不同国家的学生享受到同样的优质教育资源，这无疑极大地推动了教育的进步和发展。

（5）重新定位教师与学生角色

传统课堂教学常常被称为教师的"一言堂"，随着翻转课堂的兴起，这种现象得到了改善，教师从刻板的知识传授者成为学生学习的指导者与促进者。由此，学生的主体地位得以充分体现。学生学习主动性与积极性的发挥是影响学习效果的关键因素。但是，削弱教师的主导作用并不意味着教师在课堂教学中不再重要，而是要求教师转变自身的角色观念，为学生的探究学习、小组学习等提供指导。

除此之外，在翻转课堂应用的背景下，教师除了是教育资源提供者，还是教学视频设计者与开发者。在学生课前的自学阶段，以视频为主的学习资源的提供至关重要，学生需要通过这些学习资源掌握本堂课的相关知识点。在课堂学习中，教师为学生答疑解惑，从而加深学生对知识点的理解。

学生原本就是学习的主角，这一观点在翻转课堂教学中得到了强化，学生可以根据自身的知识水平、学习能力等调整学习进度，并且相对自由地选择学习地点和时间。在课堂上，学生可以通过协作学习、小组学习等进行知识的吸收和内化。在课堂上，有些学生也担当着知识生产者的角色，那些学习速度较快的学生也可以给予其他同学帮助，从而承担了一部分教的角色。

不管是课前的自学还是课上的交流，其中心都是学生，学生能够自主掌握学习视频的进度，可以将内心的想法和问题与教师和同学们进行交流，他们在学习过程中比以往拥有更多的主动权，这是重新构建的和谐师生关系的体现。翻转课堂对重构师生关系较为有利的原因在于，教师让学生自主选择探究题目，并独立完成探究过程，完成知识体系的建构，真正将学生视为学习过程的主体。

3.翻转课查教学模式的基本要素

翻转课堂对传统课堂的教学过程进行颠倒，使教学过程从传统的先教授后学习转变为互联网辅助下的先学习后教授，本质是应用互联网技术，对传统的教学过程进行优化，即优化知识传授、优化知识内化。一般来说，翻转课堂教学模式主要关注四个要素，如图3-4所示。

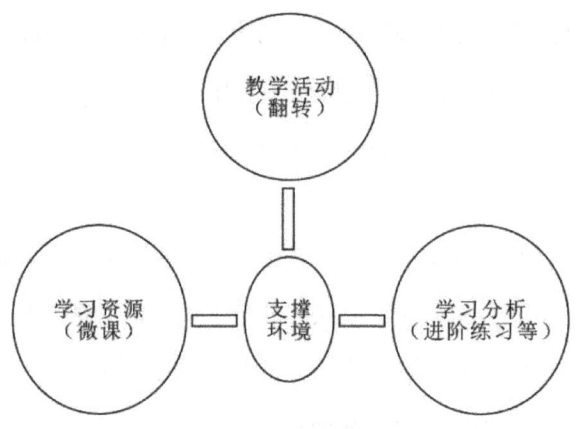

图3-4　翻转课堂教学模式的基本要素

（1）学习资源

翻转课堂之所以逐渐流行，并取得广泛认可，与"先学后教"理念支持下充分的前期准备工作是分不开的。翻转课堂的有效实施需要丰富的学习资源支持，这些学习资源可以是学习任务单、主题微课资源、知识点视频资源、电子课件、电子文档、学习网站、进阶练习和知识地图等。其中，微课资源是翻转课堂最常用的学习资源，主要由各种教学视频短片构成，内容以知识点为单位，聚焦新知识讲解，形式上强调碎片化，便于网络传播与学习。

翻转课堂的学习资源主要用于支持学生课前的自主学习。

为了取得更好的自主学习效果，除为学生提供微课资源外，有些教师还常常精心设置学习任务单与微课资源配套使用。然后，学生在课前自主观看教学资源，完成学习任务单，完成相关知识的学习。学生只有课前完成对学习资源的学习并掌握要求的知识内容，才能在课堂中更好地参与教师设计的教学活动，达到知识内化的目的，真正提高学习效果。

（2）教学活动

教学活动是翻转课堂教学的核心组成部分，翻转课堂的有效实施需要建立在设计良好的教学活动的基础之上。在翻转课堂教学过程中，学生在课前完成新知识的学习，教师在课堂上不用再讲授新知识，这种课程形式显然给了师生更多的课堂时间。如何利用好课堂时间组织教学活动，促进学生知识的内化，是翻转课堂能否成功实施的关键。课堂教学活动有个人学习活动和小组学习活动两种形式。个人学习活动有进行小测试/调查、绘制知识网络/概念地图、解决问题等。小组学习活动有角色扮演、辩论、案例研究、小组内参访等。

课堂教学活动通常包括解答学生疑问、解释重难点、练习巩固、课堂讨论、探究实验等，教师需要根据学科特点和学生实际情况精心设计课堂活动。在课堂上，良性互动和面对面的、有意义的、深度的学习是最为重要的，如果课堂形式过于单一，如全是练习测试等，则会打击学生的学习积极性。若缺乏有实质产出的活动设计，则师生可能在课堂上备感无聊或无事可做。课堂活动对老师的教学能力和综合素养有较高要求，教师要在课堂上要注意观察学生，积极发现多数学生存在的问题，并及时形成解决方案。

设计教学活动之前，教师要了解学生对课前知识的掌握情况，在此基础上，教师针对学生自学中遇到的难点进行讲解，进一步巩固学生所学知识，并有针对性地对学生进行辅导。良好的教学活动能帮助学生回顾所学知识，加深对所学知识的理解。通过教学活动，学生能应用所学知识进行讨论、解决实际问题以及创作作品等。因此，设计良好的课堂教学活动不仅有助于学生复习巩固知识，还可以促进学生应用所学内容，将知识内化为能力。

（3）学习分析

翻转课堂的教学评价除了应用传统的课堂评价手段外，还普遍采用基于在线教学的学习分析技术。

随着商业智能、数据挖掘等技术的发展，学习分析技术应运而生。学习分析研究协会这样定义学习分析技术：一种通过测量、收集、分析和报告关于学习者及其学习情景的数据来了解和优化学习和学习发生情境的技术。简单来说，学习分析技术就是通过对教学相关数据的收集，经过分析计算，按照个体差异进行个性化调整，从而改善教学绩效。教师利用翻转课堂网络教学环境收集大量学生学习过程产生的数据，并利用学习分析技术对数据进行解释和分析，可以有效诊断学生在学习中存在的问题，评价学生的学习进展，甚至可以评价学生的批判性思维能力、协作交流能力与问题解决能力等，并适当调整教学过程。例如，教师发现某个环节或知识点被学生反复浏览和点击的时候，要意识到这可能是一个对学生来说难以掌握的知识点，或者自己的讲解有问题，需要据此调整教学。

（4）支撑环境

翻转课堂的实施需要网络教学环境的支撑，翻转课堂的支撑环境主要由网络教学平台和学生学习终端等组成。其中，网络教学平台要能够实现课前课中互联、师生互动、当堂练习反馈与数据统计分析等功能，这是实现翻转课堂教学的基础环境；学习终端能够支持学生的微课学习、网络交流、互动练习等。翻转课堂的网络支撑环境为师生提供了一个虚拟学习空间，为师生开展与衔接各种课前、课中、课后的活动提供基础。

用于构建翻转课堂网络教学环境的软件，有课程管理系统（Course Management System, CMS）、学习管理系统（Learning Management System, LMS）和学习内容管理系统（Learning Content Management System, LCMS）。其中被师生广泛使用的免费开放源代码软件有 Moodle、Atutor 等。另外，学习活动管理系统（Learning Activity Management System, LAMS）也可以用于构建设计、管理和传递网络教学活动的网络支撑平台。学习活动管理系统构建的学习环境支持以学习活动为中心的教学设计，并提供整合教学资源、实施网络教学与评价的相关功能，可以为师生提供一个学习过程图形化、可视化的网络平台。

4.翻转课堂教学模式的要求

（1）翻转课堂教学模式对教师的要求

教师作为培养人的人，在翻转课堂中是一个引领者。教师要以身作则，转变教学理念，提高信息素养，接受新的课堂教学模式发出的挑战。翻转课堂教学模式对教师的要求包括以下几点：

①转变教学理念。翻转课堂教学模式是一种颠覆传统的教学模式。教师从

认真学习到积极实施,这中间经历的不仅仅是教学模式的形式变化,更是教学理念的转变。教师要把握住翻转课堂的内涵,注意翻转的是知识传授和知识内化这两个环节,并不是简单的课前观看视频,课堂上进行传统教学。在翻转课堂中,教师应转变教学理念,坚持以学生为中心,从学生的反馈出发来组织教学,以学生的问题为切入点,以学生的疑问为教学内容,有的放矢地开展教学。

②提高信息素养。翻转课堂教学模式实施的每一个环节,从课前视频的制作,学习资源的搜集,PPT(英文 PowerPoint 的简称)的设计,到多媒体教学手段的使用等,都要求教师具有较高的信息素养。

③提高教学设计的能力。翻转课堂教学模式主要从时间和空间上翻转了知识传授和知识内化两个阶段,知识传授环节从课上挪到了课前,知识内化环节从课后挪到了课上。这样,教师不仅要在知识传授环节进行教学设计,更需要在知识内化环节进行教学设计。如何将学生学习的反馈整合起来,创设情境,理清思路将问题贯穿始终等,都是教师要思考的问题。对于教师来说,这比传统课堂的教学设计有更高的要求,是更大的挑战。

(2)翻转课堂教学模式对学生的要求

传统课堂中,学生多在教师的指导下进行课堂学习。而翻转课堂中,课前,学生可以自由选择学习的时间、地点和学习的进程,甚至可以反复学习某个内容反复;课堂上,学生可以提出问题并直接反馈给教师,还可以参与协作学习、讨论探究,主动构建自己的知识体系,成为学习的主动参与者甚至是领导者。相较于传统教学,翻转课堂教学更容易让学生获得成就感,有助于提高学生学习的自信心。但是,翻转课堂教学模式需要学生转变学习思想,具备自主学习的能力,具备与他人交流的能力,具备信息素养,学会自我管理,这对学生而言也是不小的挑战。

①学生需要具备自主学习的能力。在传统课堂中，多是教师传授知识，学生静坐听讲。而在翻转课堂中，学生要会学。在课前视频学习及讨论交流环节中，学生需要自己做主，在没有教师指导的情况下进行学习，将习得的知识添加到自己已有的知识体系中，进行有效整合以备使用，这需要学习者具备较强的自主学习能力。这种学习能力需要较长时间的引导和培养，因此，翻转课堂教学模式不太适用于低年级的学生，较适用于具备一定自主学习能力的高校学生。但是部分大学生由于长期受传统课堂的熏染，缺乏自主学习能力的培养，自主学习能力较低，在翻转课堂学习起来较为困难。这也表明：在翻转课堂中，学生需要具备自主学习的能力。

②学生需要具备与他人交流的能力。在互动讨论环节里，学生要具备与他人交流的能力，学生需要为同伴答疑，条理清晰地摆事实讲道理；学生遇到问题时，需要用准确的语言描述自己的难处，让教师同学能够知道问题关键所在；或是在小组学习时能够协调组内成员的关系，必要时还要能够领导他人。翻转课堂教学模式需要学生具备与他人交流的能力，学生应努力提高自己与他人交流的能力。

③学生需要具备信息素养。学生需要具备的信息素养不仅包括使用计算机、网络等进行学习的能力，还包括使用网络进行交流的能力，使用网络进行资源、信息检索的能力，以及使用网络进行研究、探索新知的能力。随着电子设备的普及，学习也进入智能化时代，学生一般具有一定的信息素养，但是大部分学生不熟悉学习软件，较少使用电子设备进行学习，信息化素养不高。

④学生需要学会自我管理。在翻转课堂中，学生拥有了一定的自主权，可以决定学习时间、学习方式、进度等。因此，学生要有一定的自我管理能力，要能合理分配学习和娱乐的时间，选择合适的时间来学习等。

5.翻转课堂教学模式的发展

如今,翻转课堂已经成为教学改革的焦点,对现代教学有很大的影响。翻转课堂能够帮助学生培养自主学习的能力,从而提高学习效率。翻转课堂允许学生选择合适的时间和地点来获取他们感兴趣的知识,从而培养学生强烈的学习动机和浓厚的学习兴趣。

翻转课堂在老师和学生之间建立了一种新型的平等友好关系,拉近了师生距离,增进了师生间的感情。在翻转课堂上,老师不再是一直站在讲台上的知识传授者,而是学生人生的导师、朋友等,在学习的道路上鼓励学生,在探索知识的道路上指引学生。教师从讲师变成了导师;从讲授者变成了支持者和协助者。翻转课堂还允许老师因材施教,这有助于学生的个性化发展,有助于实现教育的个性化。另外,翻转课堂教学模式的发展还表现在以下几个方面。

(1)课程内容更加丰富

翻转课堂教学的发展,要求更多的优质视频课程,这会吸引很多优秀创作者的加入,从而产生更多优秀的视频课程。这些资源和创作者,有助于丰富课程内容。

(2)教学互动方式多元化

在"互联网+"背景下,教学互动方式由单一平面视频教学向立体化、数字化教学发展。目前,翻转课堂的教学方式主要为平面视频教学(含直播和录播),相比线下教学,缺少面对面教学环境体验和学习氛围。随着科技的发展,翻转课堂的教学方式将逐渐多元化。

(3)借助大数据技术

将大数据技术应用于教学,有利于翻转课堂的发展。借助大数据技术,一方面可以通过对学生学习行为轨迹数据的分析,了解学生的学习路径,不同知识点的学习时长、不同时间点的学习效率、课程形式及内容的偏好、重难点掌握情况及互动反馈情况等。进而可以优化课程结构，调整课程时长；另一方面，可将各个学校间信息系统整合形成数据仓库，辅助学校进行教学管理，包括课程内容的分类管理、课程来源的管理、精品课程应用管理等。除此之外，其他新技术也将被引用，如感知智能技术等。新技术的引入有利于优化学生的学习体验。

（二）翻转课堂教学模式的学案编写

1.学案构成与设计

学案，是指教师依据学生的认知水平，知识经验，为指导学生进行主动的知识建构而编制的学习方案。学案实质上是教师用以帮助学生掌握教材内容、沟通学与教的桥梁，也是培养学生自主学习和构建知识能力的一种重要媒介，具有"导读、导听、导思、导做"的作用。

（1）学案的构成

学案对学生的自主学习起到重要的指导作用，英语学案在构成上应当包含诸多足以支撑学生学习活动开展的因素，如学习目标、学习重难点、知识链接、学法指导、学习内容、展示提升、学习小结、达标检测、学习反思等。

①学习目标。学习目标指学生在完成一系列学习活动之后所应当达到的程度。教师在设计学案时，应当为学生设置具体而明确的学习目标，目标的数量切忌过多，通常设置 2~4 个比较合理。此外，教师需要注意，教学目标的表述不宜用含糊不清的词语，而是要用可观察和衡量的行为动词来描述学生所形成的具体行为，要符合学生的认知水平。

②学习重难点。教师在设计学案之前，需要明确课表的具体要求，并对教材进行深入分析，然后根据学生的实际学习情况，确定学生学习的重难点。

③知识链接。教师要在学案中为学生提供丰富的知识链接,便于学生巩固旧知识,预习新知识。

④学法指导。学法指导是学习方法指导的简称,它是指教育者在一定的条件下,通过一定的途径,采取一定的方式对学习者进行学习方法的传授、渗透、指导、训练,使学习者掌握科学的学习方法并能动地运用于自己的学习实践,进而形成自主学习能力的教育行为。它包含两个方面的含义:一是在具体的学习情境中引导学生掌握不同的学习方法;二是引导学生认识具体学习方法的适用范围,使学生能够针对具体的学习内容选择并运用恰当的学习方法。常见的学法指导有讲授式指导法、示范式指导法、渗透式指导法、归纳式指导法、对比式指导法、矫正式指导法、迁移式指导法、尝试式指导法、问题式指导法、结构式指导法等。

⑤学习内容。在学案设计的要素中,学习内容是极其重要的,通常包括自主学习、合作学习等内容。学习内容的设计不仅要体现出学案导读、导思、导视、导练的作用,而且要对知识进行更深层次的挖掘。

⑥展示提升。展示的根本目的是实现学生能力的提升,并不是传统意义上的重复讲解与核对答案。针对这一环节的设计,教师必须体现出创新性与互动性,使学生无论是在小组展示还是班级展示中都能够获得提升。

⑦学习小结。学习小结指对本堂课的知识进行归纳总结,目的是加深学生对知识的理解与记忆。

⑧达标检测。达标检测的设计要注重题型的多样化,题量和难度应当适中,也要有一定的典型性和针对性,起到检测学习成果的作用。学生完成检测之后,教师应当给予指导。

⑨学习反思。师生在课堂教学中形成的学习反思是重要的教学资源。学案

要留有一定空白，使师生能够及时记录反思内容，为以后的复习提供便利。

（2）学案的设计

教师在设计学案时，应注意以下几方面：

①明确教学目标，建立知识结构框架。英语学案设计的目的之一是指导学生的学习，因此，学案中应当明确教学目标。教学目标应是全面的，除了单一的知识目标外，还包括相应的能力目标、德育目标等。除了明确教学目标，建立知识结构框架也很重要，如宏观的学科知识结构、微观的课时知识结构。

②把握知识的重难点，找出最佳切入点。除了基础知识的铺列，学案设计还要注意体现知识的重难点，让学生明确本次学习的着力点。同时，教师要发挥辅助者的作用，为学生攻克重难点知识提供相应的方法，引导他们通过发散性思维分析问题的症结，并在个人努力与通力合作中解决问题。

③设计问题，培养学生运用知识的能力。在学生基本掌握知识后，教师需要培养他们运用知识的能力，而设计问题是一个很好的方法。具体而言，教师应以学习内容为依据，以学生的学习能力为参考，以启发学生的思考为目的，设计实用性问题，而学生解决问题的过程就是在实际中运用知识的过程，这自然有助于学生运用知识能力的培养。

④通过练习，及时自查和巩固学习效果。练习是学案设计的最后一个环节，也是不可或缺的一部分，这是因为学生系统学习知识后，必须通过检验才能得知学习效果。学案中，练习题的设计一方面可以让学生明确自己的学习情况；另一方面能让教师根据学生的自查结果，对学生开展有针对性的指导，从而提高学生的学习效果。

2.学案编写的要求

翻转课堂学案的编写不是照搬教材中的相关内容，而是以学生的有效学习为中心进行具体的教学设计。通常而言，英语翻转课堂学案的编写主要有以下几个要求。

（1）帮助学生梳理知识体系

首先，教师应充分理解教材的编写宗旨，把握教材的知识体系和知识结构；其次，掌握教材中针对不同层次的学生所提出的学习要求，深入理解个性化教育的深刻内涵；最后，把握学生获取知识的全过程，寻找培养学生思维和能力的关键点。

（2）为学生提供适宜的学习方法和学习策略

英语学案的编写，要求教师在教学过程中实现由关注自身如何教向关注学生如何学的转变。学案是教师教学的依据和学生掌握学习方式和知识体系的重要载体，因此，学案应当具有较强的指导性和预见性，使学生能够在学案指导下积极地进行思考，实现学会与会学两者的有机统一。

（3）学生的个性发展与全面发展要统一

每个学生都是一个独立的个体，在学习能力和知识水平上存在不同程度的差异。因此，学案的编写应当将充分考虑这一方面，以满足不同层次学生的学习需求。需要注意的是，学案并不是僵化的、一成不变的，在使用过程中，教师可根据现实的教学需求，结合个人的思考和理解，对学案进行个性化加工，从而发挥学案的最大价值。

3.学案编写的重点

（1）在单元学习总目标、重难点方面

单元学习的总目标可以分为识记、理解、运用、分析、综合和评价等层次。例如，"识记、理解"目标要求学生掌握文章大意和具体信息以及重要词汇、表达及长难句。"运用"方面是希望学生能通过口头陈述相关内容，学会比较和对比，并提出个人观点并加以论证说明。"分析、综合"目标要求学生学会对比与比较，表达事物的相同点和不同点。"评价"方面要求学生能够根据单元所学，对与单元相关的话题表达个人观点。这些目标既立足于课本内容，又延伸到课外，兼顾知识的掌握和能力的培养。

就基础知识及技能而言，必备的、有价值的基础知识和有利于学生终身学习、可持续发展的基本能力及技能，应成为导学案中的重点。例如，读写课导学案的主要学习建议是围绕培养学生的阅读技巧和阅读思考能力提出问题，引导学生在学习运用阅读技巧理解课文的同时，思考课文内容更深层次的含义，查找资料，整理分析，最终形成个人看法。

（2）在学习建议方面编写

学案在学习建议方面，既要引导学生思考教师提出的问题，也提示学生提出问题，然后进行思考。爱因斯坦曾经说："提出一个问题往往比解决一个问题更重要。"学案不仅要引导学生学习，更要引导他们提出问题。建构主义学习理论认为，学生的学习是一个构建过程，学生在构建过程中不断储存信息，并将其转变为有用的技能，最终获得解决问题的能力。读写课的学案，应按照每一遍课文阅读给出学习建议：第一遍阅读要求学生厘清文章基本的脉络、问题，对文章有大致印象，了解与文章相关的文化背景，结合相关微课的学习查找资料，并提出问题；第二遍阅读要求学生深入理解课文，结合课文理解、词汇、长难句的相关微课学习，扫除理解障碍，提出不同层次的问题，并在学习小组和课堂中讨论解决；第三遍阅读或读后思考阶段，要求学生从整体学习文章的写作风格、写作技巧等方面结合课程的阅读技巧、写作技巧等相关微课进行深入思考，在小组和课堂上提出问题并讨论。

在阅读过程中，教师基于课文内容，培养学生的阅读和分析、综合能力，以教师提问的方式指导学生课前学习。例如，在翻转课堂中，学生根据学案的提问，结合自身学习水平和理解能力，对教师提出的问题做选择式回答，并逐渐提出问题。

（3）在学习策略指导、学习任务设计方面编写

联通主义认为，学习不再是一个人的活动，学习是连接专门节点和信息源的过程，获得所需知识的途径比学习者当前掌握的知识更重要。在此基础上，笔者认为，学案应该是多元的，能够向学习者展示多个途径。学案设计的基本宗旨是基于学生多样的学习风格，为学生提供多样的表现手段、表达方式和参与方式。学案应该提供其他可供选择的学习方法，允许学生选择学习方式，这有利于激发学生学习的积极性和主动性，让学生意识到学习是他们的责任。

教师在导学中必须突出个性化指导，为学生的自主学习提供更切实际、更具针对性的帮助，从而满足学生个性化学习的需要。教学过程中，每个单元都会涉及不同方面的学习策略指导，可以让学生在自主学习过程中通过实际运用进行掌握。知识是学生大脑内部通过意义构建获得的，教师应该通过教学设计，让学生的学习经历更加丰富和多样。

从知识网络化的角度来看，知识的获取和内化并非只有一个渠道，有许多渠道让学生自行选择。任务是针对学习目标设计的，教师可以根据不同的目标设计不同难度和不同方式，供学生选择。例如，喜欢拓展课外知识的学生可以通过查找资料、分析总结完成任务，最终通过笔头或口头的方式输出、展示。此外，教师应根据学习目标和学习重难点，对任务的难度给予评分，学生可以根据任务难度进行自我挑战。这样做兼顾了学生的自主选择权，充分体现了学生的主体性。当学生成为学习的主人时，他们会为了满足需求而学习，合适的学习方式和学习任务等往往能激发他们的兴趣，提高他们学习的积极性。学案

可设置学中、学后反思环节,让学生为自己的学习效果打分和作出评价,明白自己的优势和不足,也方便教师根据学生的情况,调整下一个单元的学案和课堂活动组织。因此,在学案中加入反思部分是有必要的,一方面可以让教师了解学生的学情,有利于学生学习的循序渐进;另一方面可以为形成性评价提供参考。

在学案中,教师为学生提供信息渠道,鼓励学生以任务为引导,通过更多渠道查找个人需要的信息,并加以分析整合,形成个人的成果展示方案,使学生的联通能力得到训练。学案是教会学生学习的过程,能够体现个性,包容学生的差异。在设计学案时,教师应关注不同层次学生的不同需求,分层设计任务、开展训练。因此,学案的呈现模式、达成目标的任务可以有所不同。各种活动不能堆砌,应互相关联,形成构建过程。考虑到学生的接受能力与个人发展需要的多样性和差异性,学案的任务设置可呈菜单式,让学生根据实际情况和需求进行选择。

另外,教师也应注意英语与其他文科性质的学科的差异。英语是语言学习与文化学习相结合的学科,注重审辨式思维的培养,输入与输出并重。设计学案时,要遵循认知规律,并根据教师和学生的反思不断调整。

二、英语翻转课堂教学模式的设计实施

(一)英语翻转课堂教学模式设计实施的因素

翻转课堂英语教学设计是一项十分复杂的工作,它的影响因素有很多,如英语学习活动、英语学习资源、英语学习环境、英语学习分析等,下面对这些因素进行系统分析(图3-5)。

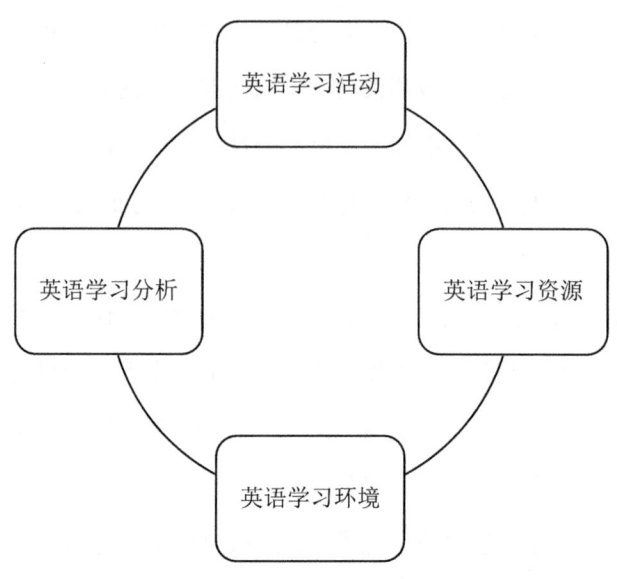

图 3-5　英语翻转课堂教学模式设计实施的因素

1.英语学习活动

在英语翻转课堂教学模式的设计中，学习活动具有极其重要的地位。在翻转课堂模式下，学生在课前就已完成了知识的传递，节省了教师课堂上讲授知识的时间，因此，怎样利用充分的课堂时间组织活动加速知识的内化，是翻转课堂能否成功的关键。翻转课堂的学习活动按照活动范围可以分为：全班交流活动、小组学习活动、个人学习活动。其中，小组学习活动是这三种活动中较为常用的。

2.英语学习资源

要想使翻转课堂得到有效实施，必然离不开各种优质的学习资源。这些资源包括电子课件、微课视频、学习网站、文本教材、电子教材、练习题等。其中最重要且最常用的学习资源就是微课视频，它集中讲解了新的知识点。翻转课堂的学习资源更多地用于学生的课前学习。为了提高学生自主学习的效率和效果，教师不仅要将相应的视频资源提供给学生，还要为学生设计自主学习任务单，以引导学生学习。学生可以参照学习任务单，明确观看视频的重点，从而顺利完成自学。

3.英语学习环境

翻转课堂的实施离不开网络学习环境的支持，如学生的学习终端和网络学习平台等。网络学习平台在翻转教学模式中发挥着较大的作用，它能够为英语教师提供个性化推送，能够实现师生之间的互动交流，并能够收集和分析学生在线学习的各种数据。学习终端也具有很多功能，如支持学生微视频学习、网络交流、在线测试等。

4.英语学习分析

实施英语翻转课堂时，教师还有一个十分重要的工作，即利用学习分析技术分析学生在课前网络学习过程中所产生的大量数据，从而判断学生的学习进度以及可能存在的学习问题，或者对学生的协作能力、批判性思维以及解决问题的能力等进行分析，并在此基础上对教学内容、教学流程等进行适当调整。

（二）英语翻转课堂教学模式设计实施的内容

1.教学过程设计

（1）确定学生课外学习目标

英语翻转课堂的设计第一步就是将学生的学习目标确定下来。翻转课堂使课内外的教学颠倒过来，学生在课外已经对新知识进行了学习，课内则将更多的时间放在知识内化上。因此，学生在课内和课外的学习活动有着不同的学习目标。

(2) 选择翻转内容

在翻转课堂的课外学习目标确定之后，教师就要对翻转内容进行选择，须将学生的特点和认知规律作为出发点。

(3) 选择内容传递方式

选择内容传递方式主要指的是媒体工具的选择。通常翻转课堂中可用到的媒体工具有两类：一是文字、视频、图片等承载着翻转内容的媒体资源。二是传播资源的系统工具，如学习管理系统、网络教学平台、网络终端和交流通讯平台等。影响选取何种学习内容传递方式的因素有：要传递的内容的大小和形式、学习者的位置及其接收设备等。在综合考虑各种因素的基础上，教师可选择传递信息量大、传递速度快、信息获取方便的方式，以方便学生个性化学习的展开。

(4) 准备教学资源

在学习内容和传递方法都确定之后，就到了教学资源的制作环节。对于教学资源，教师可以自己开发制作，也可以搜集网络上的相关资源。不管是通过何种途径形成的教学资源，都要与此前制定的教学内容一致。此外，资源的大小和形式等也要与传递工具相匹配。

(5) 确定学生课内学习目标

课内学习目标和课外学习目标不同。课外学习目标主要是针对低阶思维技能提出的，因为课外学生的学习活动更多的是培养学生的识记能力、理解能力等。而在课内，学生要和师生深入地讨论交流、开展探究活动，所培养的更多的是评估能力、分析能力和创造能力等，所以毫无疑问，学生课内学习目标更注重高阶思维技能方面。

(6) 选择评价方式

在正式开始课堂教学前，不管是教师还是学生，对课堂教学活动提前做好准备都是非常必要的。一般来说，教师可采用低风险的评价方式（是指不对学生的评价结果进行分数、等级的标记和评比，而仅作为发现学生学习问题的一种教学评测方式）对学生进行评测，从而发现学生学习真正的难点，以便教师和学生调整教学计划和学习计划。而笔者常用的课前小测验就是一种较好的低风险评价方式，这种小测验的题目量并不多（一般只有3～4个问题），其不仅仅可以检测学生在课前学习的事实性知识，更重要的是可以为学生提供一个综合应用所学知识的机会。在这个过程中，不仅教师能把测验中出现的问题及时反馈给学生，学生也可以向教师提出问题，并通过与教师交流解决问题。所以，在正式上课前进行低风险的学习评价是一种非常有效的教学策略。低风险的评价方式有很多，小测验只是其中比较常见的一种。教师可以在这个环节根据先前学生在课外自主学习的内容选择合适的评价方式对学生进行课前评价，了解学生真正的学习难点。

（7）设计教学活动

通过之前的评价教师已经大致明确了学生的学习难点，此时教师需要根据课程目标和学习难点设计课堂教学活动。课堂学习的重点是解决学生在自主学习过程中的难点，引导学生应用新知识，并将知识内化为自己的能力。因此，所设计的教学活动要有利于培养学生的高阶能力，如鉴赏能力、评价能力、创新能力等。

（8）辅导学生

只有在教师的正确引导下，课堂上的教学活动才能取得预想中的教学效果。在学生开展教学活动时，教师应在旁边予以适当指导。在教学过程中，教师要及时解答学生所提出的问题；在学生学习结束或者是汇报学习成果时，教师要进行总结，引导学生进一步内化知识，完成知识的升华。

2.学习任务单设计

（1）学习任务单的设计方法

在英语学习任务单的设计过程中，最关键的部分有两个：一是学习目标的设计，二是学习任务的设计。

学习目标从本质上而言，同教学目标的根本方向是一致的，它是由教学目标转化而来的。学习目标反映学生在自主学习情况下的学习效果。学习目标通常是确定的，因此它是一个常量要求，而不是变量要求。在学习目标的指导之下，学生的自主学习应当有一个进度计划，并根据自己的实际需求完成各项学习活动，以达到掌握所有学习材料、完成学习目标的目的。

一般而言，学习目标的设计分两个步骤进行：一是以教材为依据，进行详细而深入的分析，确定具体的教学目标；二是对既定的教学目标进行转化，使其成为适应学生学习实际的学习目标。虽然学习目标是由教学目标转化而来的，但是两者不是完全等同的。因此，教师应当明确地向学生说明他们在自主所应当完成的各项学习任务，使学生就能够对自己的学习目标形成一个清晰的认识，这对学生自主学习的高效完成是不可或缺的。

学习任务的设计同样是学习任务单设计中一个至关重要的组成部分。科学合理的学习任务设计往往能够为学生自主学习的实现提供重要的保障。一般而言，学习任务的设计应注意以下几点：

第一，与学习目标的要求相符合。学习目标往往使学生在开展自主学习之前，就能够对自己的学习活动以及自己所要实现的学习效果形成明确的认识。要想真正将学习目标落实到学生的学习实践中，就必须有良好的学习任务。这样学生只要完成了既定的学习任务，就能够自然而然地达成学习目标。如果教师能够将学习任务设计得科学而又合理，那么学生也就能够在自主学习中快速而有效地实现教师所预期的教学目标。

第二，把知识点转化为问题。在英语学习任务设计过程中，最有效的一个途径就是将学生所要掌握的知识点转化为具体的问题。具体而言，就是将教学中的重点、难点以及其他一些知识点通过问题的方式呈现在学生面前。对于教师而言，这种转化是必要的。首先，把知识点转化为问题具有非常强的可操作性，因为自主学习的向导便是问题，有了问题，学生往往能更好地开展自主学习；其次，将知识点转化为问题，有利于启发学生的思维，培养学生分析问题和解决问题的能力。

第三，将知识点的涉及面与权重考虑在内。英语学习任务的设计有两个关键的因素：对教学的难点、重点以及其他知识点都应当有所涉及；对各类知识点的权重要有明确的把握。一般而言，教学的难点和重点需要细化分解为多个具体的问题，而其他一般性的知识点大多只需要一个问题。因此，对于各类知识点，教师不能一概而论。

第四，为学生提供便捷的资源链接。学生在自主学习过程中，需要大量的学习资源作为支撑，因此，教师应当学习任务中设置比较醒目和便捷的资源链接，使学生就能够及时获取所需的学习资源，高效完成学习任务。

第五，适当融入练习。学生经过自主学习，能够掌握一些基础知识，如概念、原理等，此时最需要的就是对这些内容进行巩固。因此，教师应当适当地在学习任务的设计中融入一些练习，让学生通过练习检测自己自主学习的效果。

（2）学习任务单设计的注意事项

①明确学习目标与学习任务的关系。学习目标与学习任务的关系十分密切，但是两者并不是完全统一的，因此，教师应明确学习目标和学习任务的关

系。有些教师对这两者的关系没有形成非常清晰的认识,其设计的学习任务单往往容易出问题。

②知悉课前任务与课堂任务的关系。在翻转课堂教学模式下,学生在课前观看教学视频开展自主学习是一个非常重要的关节,但从根本上而言,课前的自主学习并非翻转课堂的核心环节,课堂教学中的交流互动与探究学习才是翻转课堂的核心环节。换言之,学生课前的自主学习是课堂教学开展的基础,也是课堂教学的重要保障。翻转课堂要想取得良好的教学效果,学生就要在课前观看视频的过程中进行积极的思考,并提出问题,为课堂教学中一系列互动和探究学习活动的有效开展打下基础。这样,学生就能够在课堂的互动中与同伴合作探究,以达到解决问题的目的。

由此可见,学生在课前观看视频的过程中思考得越充分,发现的问题越多,课堂的互动与探究活动开展的效果也就越好。因此,教师在设计学习任务单时,应当明确课前与课堂的任务及目标的关系,否则无法实效预期的教学效果。

3.教学活动设计

翻转课堂包括课前自主学习与课堂互动探究两个主要环节。在课前自主学习环节,学生虽然掌握了一定的知识,但是这些知识并不成系统,而是"碎片化"的。只有在课堂上,通过活动与探究,对这些"碎片化"的知识加以整合,才能实现吸收和内化。所以,对课堂互动探究环节的设计至关重要,是对教师教学设计能力的一个极大考验。具体而言,英语教学课堂活动的设计主要涉及以下几个环节。

(1)确定问题

英语翻转课堂不同于传统的课堂教学。在翻转教学课堂中所探究的问题并不是由教师单独决定的,而是由教师与学生共同确定的。从教师的视角来看,教师提出问题前要结合教学大纲、教学目标以及教学的重难点。而从学生的视角而言,学生在提出问题时,会考虑自己课前学习的情况、练习的结果以及与同伴之间的讨论,将一些课前无法解决的问题呈现出来。通过综合分析师生的不同问题,最终确定翻转课堂所探究的问题。

(2)合作探究

合作探究最常见的形式就是小组协作。教师可以根据学生的实际情况,按照每组 4~6 人的规模来划分小组,之后,将探究的问题分配给每个小组。同时,为了小组讨论的顺利进行,教师应该在每组中选取一个组长,来负责该组的探究活动。在合作探究中,教师应该鼓励小组内的每个成员积极参与讨论和探究,并结合主题和自身已有的知识提出自己的见解,从而通过不同成员的交流与讨论来解决问题,进而实现学习目标。需要注意的是,在每个小组讨论的过程中,教师必须发挥指导的作用,及时捕捉学生探究的动态,从而选择一些合适的学习策略。除此之外,在合作探究中,教师应该引导学生先解决组内问题,再交流与讨论其他组的问题,这样不仅能够激发学生学习的兴趣,还能提高学生的参与意识,从而实现教学目标。

(3)展示质疑

在合作探究之后,就进入了下一个阶段——展示质疑。通过合作探究之后,教师应该组织全班学生展示自己或小组内的协作探究成果。在这一过程中,教师只是一个组织者和引导者,教师可以对学生提出的观点或意见加以补充,但不可以代替学生来表达。在组织学生展示时,教师可以采取的形式有很多种,比较常见的有演讲形式、比赛形成等。此外,教师要保证各个小组都有发言的机会。

（4）点拨评价

在展示质疑之后，教师就需要根据不同学生的表现和观点进行点拨评价。对于学生的错误，教师应该及时指出并更正；对于学生不完整的观点和答案，教师也应该有针对性地进行补充和完善；而对于一些没有确定答案和比较开放的问题，教师没有必要统一学生的答案和观点，而应该鼓励学生积极参与讨论，并发表自己的观点。总而言之，教师应该在学生合作探究和质疑之后，对学生的完成情况进行归纳和总结，从而了解学生学习的情况以及存在的问题。另外，教师可以根据学生已掌握的知识、未掌握的知识以及需要进一步拓展的知识来设计下一步的教学方案，保证教学方案的真实性、针对性和可行性。需要注意的是，在点拨评价完成之后，教师应该给学生布置下一次课需要探究的问题，从而使学生不断吸收新知识。

（5）达标测评

英语翻转课堂活动设计的最后环节是达标测评。经过以上四个环节的不断推进，学生已经掌握了知识目标与基本技能目标，同时学生对教学中一些基本概念、基本原理有了一定的理解与认识，并能够灵活应用。因此，教师可以通过下课前的5～10分钟来对学生的达标能力进行测评，从而更好地进行下一步的教学。达标测评不仅有利于检验学生的学习情况和技能水平，还有利于学生综合能力和灵活应用能力的提高。

综上所述，英语翻转课堂教学活动的设计，其实就是一个确定问题—解决问题—评价问题的过程。无论是传统教学课堂还是翻转课堂，其时间都是固定不变的，因此，在实际的教学中，教师应该根据不同环节的重难点来安排和调整时间，从而为翻转课堂的实施提供保障。

三、英语翻转课堂教学模式的运用方法

（一）教师教的方法

1.制作教学视频的方法

翻转课堂是否能够顺利实施，教学视频起着关键的作用。优秀教学视频的制作离不开优秀的教师。因此，教师在制作教学视频时，应该保证教学视频的可行性和高质量。教师在制作视频时可以结合自己已有的知识独立制作，也可以采用或参考网络上的一些高质量教学视频。教师在录制视频需要很多的辅助工具，其中截屏程序是必不可少的。截屏程序的作用主要是在教师录制完教学视频后，截取掉一些不需要的视频内容，从而完成对教学视频的修改和完善。同时，在录制视频的过程中，教师也可以借助网络摄像头来完成重点内容的录制。此外，教师为了突出重点和难点，需要在白板上进行作图时，可以借助数字笔通过注释的方式来完成。

综上所述，教师制作教学视频的质量直接关乎着教学效果的实现，因此，要想制作出高质量的视频，教师需要注意三方面：一是从视频的时间上入手，确保视频的时间控制在 10 分钟以内，具体的视频时间可以根据学生的实际情况来确定。二是保证声音有力、节奏适中、语气恰当、语言顺畅。只有这样才能激发学生学习的兴趣，进而吸引学生观看教学视频。另外，教师在录制视频时，可以根据情节需要，变换自己的语调、语气等。三是确保视频中语言的幽默性。教师可以根据实际需要适当增加一些幽默性的语言，这样能够调动学生学习的积极性。

2.教学生观看视频的方法

如果教师制作高质量的教学视频是教学成功的关键，那么教师教会学生观

看视频就是教学成功的基础。要想保证翻转课堂有效实施,教师就必须教给学生一些观看教学视频的方法。教师可以先让学生意识到观看视频的重要性,然后鼓励学生独立观看教学视频,最后通过一些具体的策略来引导学生正确观看教学视频。

(1) 清除不利于学生观看教学视频的一切要素

有些学生在观看视频时习惯性地将其他无关网页打开,这时教师应该及时清除这些不利因素。另外,在刚开始实施翻转课堂教学模式时,教师应该进行集体训练,传授学生观看教学视频的方法,并对教学视频的控制进行讲解,如告诉学生如何使用暂停键和倒键等。同时,教师应该引导学生领悟观看教学视频的真谛和价值,从而激发学生观看教学视频的兴趣。总之,教师应该提高学生对视频的控制能力。

(2) 观看视频中如何做好笔记

教师应该让学生掌握在观看视频时做笔记的技巧,如记录重难点,做好归纳和总结等。

(3) 鼓励学生寻找问题并提出问题

教师应鼓励学生寻找问题并提出问题,这样有利于了解学生的任务完成情况,培养学生的独立探究能力和学习能力。

3.进行课堂教学的策略

实施翻转课堂教学模式最重要的一步就是教师课堂教学。教师只有组织好教学活动,才能通过教学策略的实施来促使学生完成学习任务,最终完成知识的构建。在翻转课堂教学中,教师可以根据学生的实际情况以及教学内容采用不同的教学策略。例如,提问策略、实践性策略、合作讨论策略、共享策略等,从而保证翻转课堂的顺利实施。

总而言之，翻转课堂打破了传统的教学模式，注重学生的主体性，有利于培养学生的自主学习能力和独立探究能力。同时，在这一过程中，教师不再是权威者和主导者，而是教学活动的引导者和组织者。要想高效地利用课堂时间，有效地实施翻转课堂，教师就要有广博的知识、丰富的教学经验以及超强的管理能力。

（二）学生学的方法

1.课前观看视频的方法

翻转课堂不同于传统教学课堂，它主要通过教学视频的方式来完成教师传授学生知识的过程。同时，这个过程是学生课前完成的。另外，学生课前通过教学视频来学习一些原理性、事实性的理论知识，从而对教学内容有一定的了解和学习。学生在课前观看教学视频的过程实际上是一个自我调控的过程。翻转课堂的教学视频较短，时长一般为7～10分钟。在较短的时间内完成基础理论知识的学习，需要一定的策略和方法。因此，学生课前观看教学视频需要掌握一定的策略和方法。

第一，学生必须具有一定的自制力和控制力，这是顺利观看教学视频的基础和前提。因此，学生在观看教学视频时应该选择一个相对比较安静的环境，保证没有外界的干扰，以便认真观看视频。

第二，结合自己的学习情况有选择地回看视频。同一个教学视频，不同的学生观看会遇到不同的问题。有些学生存在应付心理，在很短的时间内完成教学视频的观看，这样不仅捕捉不到教学视频中的核心知识，还不利于下一步的讨论与学习，更不利于提高独立探究能力。因此，在观看视频时，学生应该对自己负责，并根据自己的实际情况进行视频的观看与学习，必要时可以回看视频，从而真正掌握视频中的理论知识。

第三，在观看视频的过程中，学生应该认真做好笔记，笔记的内容可以是自己感兴趣的知识，也可以是自己比较疑惑的问题，或者是一些具有探究性的深入问题。这一步在课前观看视频中起着十分重要的作用。

综上所述，学生在课前观看视频是需要掌握一定的策略和方法的，只有这样才能进行快速而有效的学习。

2.进行独立探究的方法

独立探究策略凸显了学习的独立性、自主性、开放性，同时也凸显了教学的实践性。随着经济全球化的不断推进，社会对探究型、创新型人才的需求更加强烈。因此在实际的英语教学中，教师应该多培养学生的独立探究意识，提高学生的独立探究能力，进而培养和提高学生的创新能力。而翻转课堂是适应当今时代需要的一种新型教学模式。在翻转课堂教学模式中，学生可以积极主动地参与教学活动，并进行独立探究学习。翻转课堂教学模式不同于以往教师传授—学生被动接受的模式，它注重学生知识的获取过程。在翻转课堂中，教师也不再是教学的主导和中心，学生的主体性地位得以彰显。同时，在知识获取的过程中，学生的自主学习代替了教师对知识的传授。另外，学生在独立探究过程中，遇到一些问题和困难是难免的，这时教师更应该发挥自身的引导作用，帮助学生解决问题和困难。更为重要的是，学生在独立探究过程中，能够体验到学习的乐趣，从而提高独立探究的热情。

四、英语翻转课堂教学模式的创新策略

英语翻转课堂教学模式的创新策略包括以下几个方面（图3-6）。

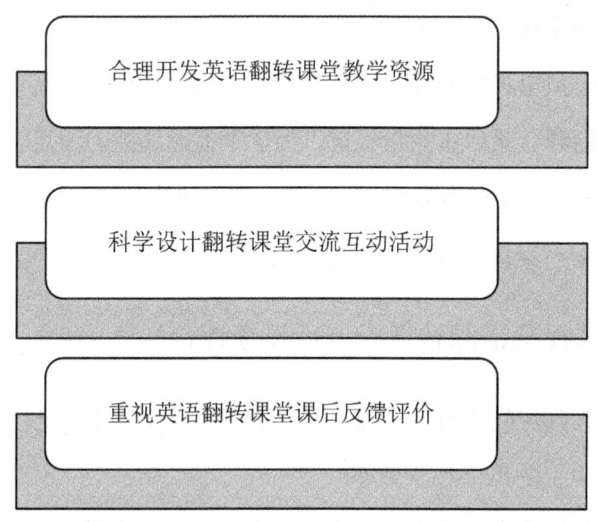

图 3-6　英语翻转课堂教学模式的创新策略

（一）合理开发英语翻转课堂教学资源

在大学英语教学中引入翻转课堂模式，对英语教学效率的提高至关重要。因此，高校英语教师首先应根据教学目标科学开发翻转课堂教学资源，保障翻转课堂教学效果。一方面，在大学英语课堂教学中，教师应根据实际的教学任务目标和学生的学习进度，合理开发教学资源，包括视频、图片、课件等多种资源，为学生的课前预期提供丰富资源，从而加深学生对英语知识的理解。另一方面，大学英语翻转课堂模式下的课堂资源开发，其内容的设计应具有针对性和实用性，通俗易懂，使得学生能够通过自主学习掌握基础知识和技能。

（二）科学设计翻转课堂交流互动活动

翻转课堂模式下的英语教学，改变了传统的以教师为中心的教学模式，通过设计多样化的课堂交流互动活动，加强师生之间的互动和交流，形成以学生为中心的新型教学模式。一方面，在翻转课堂模式下，教师应根据学生的学习实际进度，合理预留相应的师生互动时间，创设多样化教学活动，如小组互动讨论、一对一指导、课后作业指导等，为学生答题解惑，满足学生的自主学习需求。另一方面，在翻转课堂模式下，教师应合理设计课堂交流互动活动，并针对不同的学生，提供个性化的指导计划。

（三）重视英语翻转课堂课后反馈评价

高校英语教师应注重翻转课堂课后反馈评价，合理把控学生的学习动态，从而有效提高学生的英语教学效率。

第一，在翻转课堂模式下，英语教师应注重翻转课堂课后反馈评价，引导学生通过课后学习讨论交流学习经验、问题等，并反思自己的学习过程，从而发现自身问题。

第二，在翻转课堂模式下，教师应使用多元评价方式，如课堂学生互动评价、教师评价以及学生自我评价等，使评价更加准确和全面，从而对学生的学习状况实施阶段性反馈，也为接下来的英语教学提供参考依据。

第三，在翻转课堂模式下，英语教学应建立有效的监督约束机制，对学生的学习进度进行有效的约束，从而保证学生学习英语的持续力和效力，使学生真正学到英语知识和技能。

第四章　高校英语课堂中的学习方法

第一节　英语课堂的自主学习方法

高校英语教学的重点：一是要培养学生的英语综合运用能力；二是要提高学生的英语自主学习能力。自主学习已成为高校英语教学的改革方向，培养学生的英语自主学习能力也是每一位英语教师的责任。在外语教学中，教师应促使学生自主学习。教师是整个课堂教学的指导者和组织者，学生是知识的发现者和探求者。了解学生的自主学习情况，使他们养成良好的自主学习习惯，直接影响着外语教学的效果和质量。

自主学习是与传统的接受学习相对应的一种现代化学习方式。顾名思义，自主学习是以学生为学习的主体，通过学生独立地分析、探索、实践、质疑、创造等方法来实现学习目标。

美国等发达国家在20世纪70年代时提出自主学习，主要有两个原因：一是人本主义心理学的影响；二是学科教育研究对象和方法的转变。人本主义心理学强调人本身的情感和需要。以人本主义心理学为基础的教育哲学主张学习者与教育者分享控制权，主张以协商的形式进行学习，主张共同承担，主张学习内容要符合学习者自身的需要。以这种教育哲学为指导思想的教学大纲强调采用以学习者为中心的教学方法，强调教学目标的双重性，即情感发展目标和认知发展目标。在具体实践中，人本主义教学大纲强调学习者要为他们自己的学习负责，比如自我决策、自我选择、实施学习活动、表现自己的能力等。在这种学习模式中，教师的身份不再只是知识的传播者，他们还是学习者的指导者和顾问。人本主义教学大纲的远期目标是培养符合人本主义心理学标准的人才，近期目标则是培养学习者自主学习的能力。在人本主义心理学对教育领域产生影响的同时，教育领域尤其是学科教育领域的研究对象和方法也正在经历重要转变。

亨利·霍尔克（Henri Holec）在其著作《自主性与外语学习》中，率先把"自主学习"的概念引入语言学习，并把"学习者自主"定义为"对自己学习负责的能力"。他认为自主学习主要表现在五个方面：确定学习目标；决定学习内容和进度；选择学习方法和技巧；监控学习的过程；评估学习的效果。具有自主学习能力的人必须具有独立性，善于进行批判性反思，敢于作出决策，并能独立采取行动。自主学习不仅依赖个体，更依赖群体，学习者只有通过与他人合作才能很好地获取自主学习的能力。因此，交互、协商、合作对发展学习者的自主学习能力十分重要。自主学习既是一种学习态度，也是一种独立学习的能力。语言学习的自主性可以包括三个方面：自主学习是一种独立学习的行为和技能；自主学习是一种指导自己学习的内在心理动能；自主学习是一种对自己学习内容的控制。

总而言之，自主学习的主要成分包括：态度（学习者自愿采取一种积极的态度对待自己的学习）、能力（学习者应该培养这种能力和学习的策略）和环境（学习者应该被给予大量的机会去锻炼自主学习能力）。

一、英语课堂中自主学习方法的重要性

（一）自主学习方法有助于学生学好英语

外语学习是一种自主的习得过程，习得者往往需要有意识地调节自己的学习方法、学习策略等来完成学习任务。英语与汉语分属不同语系，其文化传统、语言特征（包括语音、语法等）与汉语差异很大，学习难度较高，因此，学生必须具备很强的自主学习意识才能真正学好英语。语言学习的成功与否取决于学习者本人。教师在英语课堂上的教学只能提供部分的语言输入，课堂之外的大量学习和实践是英语学习成功的重要保证，而英语学习的这个特点要求学生必须具有较强的自主学习能力。恰当运用自主学习方法是学好英语的关键，学生能否学好英语主要取决于他的自主学习能力。

（二）自主学习方法有助于英语教学改革

高校英语教学作为我国高等教育的重要组成部分，对整个教育发展起着举足轻重的作用。然而，高校英语教学中存在的一系列问题使英语教学改革成为时代发展的必然。首先，由于扩招，高校英语班级授课人数逐年增加，这就要求创新教学模式；其次，社会的发展对大学生的听说能力提出了更高的要求，而听说能力的培养除了课内教师的辅导，更需要学生在课外通过自主学习的方式进行锻炼；最后，时代的发展、社会的进步、知识的更新要求现代大学生具有较高的综合素质，大学生不仅要掌握具体的知识，还要有自主学习的能力和终身学习的能力。教学改革成功的一个重要标志就是学生个性化学习方法的形成和学生自主学习能力的发展。因此，高校应加强学生自主学习能力的培养。

二、英语课堂中自主学习方法的实施策略

（一）构建英语自主学习的良好环境

培养良好的英语自主学习能力对高校英语教育非常必要。高校英语教学不能局限于向学生传授语言规律，还要运用各种手段为学生自主学习创建理想的语言学习环境，培养和提高学生的自主学习能力。教育管理部门应着手构建多媒体网络教学环境，发挥多媒体教学的优势，建立基于计算机和网络的高校英语自主学习环境，促进学生的自主学习，培养学生英语技能的全面和均衡发展。然而，运用自主学习方法并不意味着学生完全脱离教师和同伴而孤立地开展学习活动，必须依靠一种轻松、和谐、互助的人际氛围。

一方面，教师在课堂内外应始终以帮助者、促进者、咨询者、协商者及顾问的身份给学生及时提供指导和反馈、鼓励和帮助，以便建立一种良好的师生关系，而良好的师生关系正是自主学习氛围的重要组成部分。教师只有改变昔日权威者、垄断者的形象，与学生平等交流、协商、切磋，才能形成一种师生密切合作的人际关系，从而创造出有助于学生自主学习的氛围。另一方面，不可忽略同伴在学习者自主学习过程中的作用。由于外语习得的特殊性，外语词汇、语法、语音以及听、说、读、写、译技能的发展，离不开教师的指导，但也离不开同伴的帮助。事实上，为了切实提高外语交际能力，学习者往往需要与同伴通力合作、交互、协商。此外，教师还可以设计一系列互问互答、相互讨论、小组讨论、对练等活动，以便创造良好的自主学习氛围，切实发展、提高学生的自主学习能力；通过改善学生的自主学习环境促进学生自主学习，如实行分层、分班教学，给学生选择教育的自主权；建立自主学习中心，为学生提供自主学习的空间。

（二）提高教师各方面的能力

为了提高学生自主学习的能力，发挥学生在知识构建过程中的主体性作用，教师应该改变传统角色，不断提高自身业务水平。在运用自主学习方法的过程中，教师不再只是传统意义上的知识传递者，同时还扮演着指导者、促进者和协调者等其他重要角色。为了提高学生自主学习的能力，教师在教学和职业发展过程中，也应该培养自己的自主学习能力。

第一，英语教师应该不断地夯实自己的语言基本功，保持较高的英语水平，因为语言是英语教师教学的基本保证。第二，英语教师应加强英语教学理论的学习，通过各种渠道了解教学研究的最新动向，理解和接受先进的教育观念，用前沿性的理论指导教学实践。第三，英语教师应学习教育心理学的相关知识，了解学生情感心理，提高自主学习指导的科学性，增强教学研究的意识，充分认识教学研究对提高自身素质和教学水平的意义和作用，自觉地对自己的教学实践进行反思，对出现的问题进行分析、探究，对积累的经验进行总结，以实现自我发展和教学水平的提高。第四，英语教师应学习和掌握最新的现代教育技术，包括多媒体技术和网络技术，努力做到熟练使用计算机和网络获取信息、存储信息、筛选信息，能将其整合处理成教学资源并应用于教学实际，能熟练使用各种教学软件，并能正确地指导学生使用软件和进行网络学习。第五，英语教师应该树立终身学习的理念，通过不断学习，扩展自己的知识范畴，提高自己的文化素养，积极参加各种培训，完善自身的能力结构。

（三）培养学生的自主学习意识与自主学习策略

自主学习意识是学生进行自主学习的前提，教师在教学过程中首先应该培养学生的自主学习意识，帮助其树立正确的英语学习观。英语是学会的，而不是教会的，英语主要靠学生的自主学习。在提高学生自主学习意识的基础上，教师还应该传授给学生学习策略。

英语教师必须有意识地培养学生运用学习策略的能力，指导学生形成适合自己的独特的学习方法、策略，并不断调整。因个性、经历、环境、文化背景等因素的影响，适合每个学生的学习方法往往有所不同。首先，教师应给学生以学习方法上的指导，使学生形成适合自己的独特的学习方法，从而有效学习。同时，教师要让学生了解自己的认知风格和认知方式，不断调整学习方法和策略，提高学习外语的效率。其次，学生应定期进行自我监控和评估。自我监控和评估是外语习得者必须具有的学习策略，也是外语习得者自主学习能力形成的重要体现。外语习得的整个过程需要学生本人不断地进行自我监控和评估，对自己的学习动机、学习策略、学习效果予以反思、评价，积极主动发现问题，及时采取措施解决问题，并不断调整习得过程，进一步确立新的学习目标。而教师也应该指导学生定期进行自我监控和评估，促使学生更有效地习得英语。

自主学习策略的形成有助于学生实现真正意义上的自主学习。学生使用学习策略的意识越强，自主学习的过程就越完整，效果就越好。但是，我们必须意识到学习策略是过程，不是目的，培养学生的自主学习能力才是最终目的。

自主学习是学生把握自己的学习，是以学生为中心的课堂上学生必须具备的一种能力。因此，培养学生的自主学习意识与自主学习策略对当今我国外语教学改革具有重要意义。

第二节　英语课堂的合作学习方法

传统的英语教学以教师讲授为主,忽视了学生在学习中的主体地位,不利于语言知识的习得和语言技能的培养。合作学习以小组合作为基本形式,强调学生的主体参与和生生之间的互动合作,有助于化解我国高校英语课程教学中班级人数较多、学生语言实践不足的矛盾,有助于增加学生语言输入和输出的机会,有助于激发学生的学习兴趣,有助于增强学生的自主学习能力,有助于提高学生的英语综合运用能力。因此,了解并研究高校英语合作学习及其现状对教师结合实际改进教学有重要的意义。

一、合作学习方法的实践意义

合作学习是 20 世纪 70 年代初兴起于美国,并在 20 世纪 70 年代中期至 80 年代中期取得实质性进展的一种富有创意和实效的教学理论与策略。由于它在改善课堂气氛,提高学生的学业成绩,促进学生形成良好非认知品质等方面实效显著,很快引起了世界各国的关注,并成为当代主流教学理论与策略之一,被人们誉为近十几年来最重要和最成功的教学改革。自 20 世纪 80 年代末、90 年代初开始,我国也出现了合作学习的研究与实验,并取得了较好的效果。合作学习是指学生为了完成共同的任务,有明确的责任分工的互助性学习。合作学习鼓励学生为集体的利益和个人的利益而一起工作,在完成共同任务的过程中实现自己的理想。

（一）合作学习方法是教学理念的新突破

传统教育理念强调接受学习、机械训练，现代教学策略提倡学生主动参与、乐于探究、勤于动手，培养学生收集和处理信息的能力、获取新知识的能力、分析和解决问题的能力以及交流和合作的能力。学生的学习是一种社会性学习，是师生共同构建学习主体的过程。教师要在充分尊重学生的基础上，设计多样、丰富的交往活动，创建自由和谐的教育环境，以促使学生更好地进行合作学习。目前，高校英语课堂教学正在从传授和讲解语言知识向培养语言交际能力转变。合作学习顺应了这一要求。在英语教学中开展小组合作学习，能激发学生学习英语的兴趣，调动学生参与课堂活动的积极性，培养其自主学习的能力，有利于学生创新精神和合作品质的培养，是一种提高英语教学效果的有效手段。

在传统型课堂上，教师面对的是一个较大的群体，难以与每一个学生进行充分的交流。而合作学习通常是将学生划分为若干小组，即把传统的教学班级的"大群体"分解为4～5人的"小群体"。一方面，教师面对的群体明显地"缩编"了，可以与每个个体进行互动；另一方面，由此产生的小组成员之间的交流，不仅弥补了师生交流的不足，而且使学习信息源得到拓展，使学习情境变得更加生动、活泼、自由和宽松，使学生的学习潜能得到释放，有助于学生的全面发展。

（二）合作学习方法有利于合作与团体意识的培养

在合作学习中，小组成为组员的利益共同体，组员需要树立荣辱与共的意识。小组成员需要认识到自己的责任，完成分配的任务，为小组的成功贡献自己的力量，还要配合其他组内成员完成任务，积极融入小组的整体工作。这样，有助于培养学生的合作意识、团体意识，促进学生以积极的态度投入到学习探究之中。

（三）合作学习方法可以促进全部学生的发展

传统教学中，往往以教师为中心，每堂课只有少数学生有机会参与课堂问答、课堂活动。而采用合作学习方式，增加了学生参与参与课堂问答、课堂活动的机会。小组里每个学生都有发言与表现的机会，可进行更多的交流，这弥补了班级教学制下教学的不足。对于课文中的一些难点，教师可鼓励小组间进行讨论，引导学生积极参加小组讨论活动，让学生成为课堂活动的中心。不同的学生在知识能力、思维习惯等方面存在着较大差异，采用合作学习方式，教师可将全班学生划一的教学活动细化为小组中少数学生的个性化活动，为小组中每个学生的个性化学习提供较多的机会。在共同参与的过程中，每个学生的知识、技能和情感都可以得到不同程度的发展。

高校英语注重培养学生的英语综合应用能力，特别是听说能力，使学生在今后学习、工作中能用英语有效地进行交际，同时增强其自主学习能力，提高其综合文化素养，帮助其适应我国社会发展和国际交流的需要。合作学习方法是大学英语的一种学习方式，同时也是教师教学的一种组织形式，学生的合作是否有效，与教师的指导是否到位是分不开的。当今时代，教师的角色发生了变化，教师从主宰课堂的绝对权威变成教学过程的组织者、指导者和参与者。在合作学习过程中，教师要选择适宜的教学内容，对各个小组的合作进行观察，对学生合作中出现的各种问题进行及时有效的指导，帮助学生掌握合作技巧，顺利完成学习任务。建立合理的合作学习评价机制也同样重要，教师应是合作学习评价机制的主要制定者和引导者，要增强合作学习在英语教学中的实效性。

二、英语课堂中合作学习方法的实施策略

（一）转变英语教学理念

传统的教学理念以"应试教育"为导向，在教学思想上崇尚"知识"为本，在教学模式上以"讲授"为主，在教学内容上以"专业"为目标，在教学方法上以"教师、教材、教室"为中心。因此，必须进行更新。大学英语教学要从以教师为中心向以学生为中心转变，既要注重传授一般的语言知识与技能，又要注重培养学生的语言运用能力和自主学习能力。因此，在合作学习的背景下，广大英语教师应以人为本，努力转变教学观念，勇于突破以往固有模式，切实帮助学生在合作学习中真正成为学习的主人。同时，通过加强对学生学习过程和学习策略的研究，尽可能为学生创造外语学习的最佳环境，以培养学生的英语综合应用能力（特别是听说能力），培养学生的自主学习与合作精神，培养学生的综合文化素养。

（二）学习并研究合作学习

作为一种有创意的学习模式和教学方法，合作学习方法集有效教与学于一身，顺应了现代教育理论的要求，理应受到人们的重视。因此，为有效开展合作学习，学习并研究合作学习非常必要。首先，强化合作学习理论学习。理论源于实践，又高于实践。教师只有加强对合作学习理论的学习，才能了解并抓住合作学习的精髓，在合作学习中更好地设计课堂教学任务，更好地考查学生，科学分组，因材施教，从而推动合作学习的有效进行。其次，研

究合作学习实践。教师不仅要学习合作学习理论，而且要借助合作学习理论来研究合作学习实践。教师只有研究合作学习的实践，才能在实践中有效进行教与学的合作。

（三）营造积极合作的氛围

合作学习需要学校、教师和学生的共同努力，因此，教师和学生要学会合作、善于沟通。高校应进一步强调对合作学习的要求，教师也应努力改善师生关系、生生关系，以营造积极合作的氛围。

（四）培养合作意识与技能

作为一种团体意识引导下的集体学习模式，合作学习方法是建立在相互合作、群体竞争基础上的。但是，合作意识和技能不是天生就有的，在合作学习之初，为了让学生尽快适应合作学习的基本要求，应该对学生进行自主学习、合作意识和技能等方面的必要培训，特别要重视对学生干部和小组骨干进行针对性训练。此外，教师还应激发并培养小组成员为集体的合作意识，从而调动学生的学习热情，使学生在学习实践中培养合作技能。否则，即便学生想合作，也会心有余而力不足，难以保证交互和学习效果。

（五）建立合理有效的评价体系

在如今的教学过程中，教师的反馈与评价也成了必不可少的一个环节。评价一般包括对教学过程中教师、学生、教学内容、教学方法手段、教学环境、教学管理诸因素的评价，但主要是对学生学习效果的评价和教师教学工作过程的评价。为促使小组成员共同参与合作，笔者主张在评价合作学习时，首先以小组为单位，对小组整体进行综合评价，以形成"组内成员合作、组间成员竞争"的良好格局；同时，在对小组成员的评价上，采取学习过程与结果、个人评价与小组评价相结合的方式，保证小组成员之间既相互合作，又相互监督，激发并保持小组成员的学习热情和积极性。

（六）重视课堂教学的有效性

在我国，课堂是外语教学的主要场所，也是提高学生英语综合应用能力的主要渠道。因此，一定要注重课堂教学的有效性，从"教"和"学"两个方面狠抓课堂教学，以"教"导"学"，争取做到："教"以问题为中心，以活动为中心，以学生为中心；"学"让学生在认知上从不会到会，在情感上从不感兴趣到感兴趣，在态度上从"要我学"到"我要学"，这不是件容易的事情。因此，广大英语教师要关注和研究课堂"教"与"学"，在传授学生学习策略和激发学生学习兴趣的同时，把英语课堂变成解决学生学习困难、提供学生学习资源和展示学生学习成果的平台，使学生愿学、会学、乐学且善学，从而实现课堂教学的根本目的。

综上所述，语言不仅是一门知识，还是一种技能。语言技能的培养需要在大量的语言实践中进行。因此，在目前我国这种非真实的语言环境下，合作学习通过异质分组的方式，最大限度地利用课堂，引导学生组内、组间合作，可以丰富语言实践的形式，增加学生语言输入和输出的机会，有助于培养学生的英语综合应用能力，特别是听说能力。合作学习不是简单地把学生放在一起为合作而合作。在合作学习中，教师应遵循教学规律，转变教育理念，紧紧把握合作学习的基本要素和特点，强化对各学习小组的组织、引导和监督，尽可能为学生创设更多的互动机会，使学生在参与和实践中习得语言、构建知识。

第三节 英语课堂的自主合作探究学习方法

运用自主合作探究学习方法,有助于激发学生的内在学习动机,深化学生对英语知识与技能的理解,提高学生对英语学习的兴趣与积极性,为学生今后的学习奠定坚实的基础。从整体上讲,自主合作探究学习主要是依靠学生之间合作学习的互动性来实现课堂教学活动的目的,并且这种学习方式是以小组为单位,以集体成绩为教学的评价标准,从而更好地实现教学目标的一项重要的教学策略。

一、英语课堂中自主合作探究学习方法的重要性

在英语教学过程中,教师与学生处于不同的位置,因此扮演着不同的角色,但是教师与学生始终是处于一个较为协调、平等的基础之上的一种教学与学习的合作关系。学生与教师有着共同的目标,但是这需要学生与教师的共同配合与参与才可以真正实现。应用自主合作探究学习方法,有利于提高课堂学习效果、改善教师的教学环境,从而更好地实现英语教育教学目标,促进高校英语教学的健康发展。

(一)提高学生在英语课堂中的参与度

在自主合作探究学习中,不管学生处于主动或是被动的位置,都会获得锻炼的机会,这有助于学生积极、主动地参加英语的教学活动。同时,在自主合

作探究学习中,教师一定要给学生留有充分的学习时间,方便学生进行交流,从而提高学生的英语素质和英语综合应用能力。

(二)增强学生的交际能力与团队合作精神

在大学英语教学中实行自主合作探究学习方法,可以为广大学生提供交流个人的想法、建议的机会,方便学生进行英语学习上的辩论、探究和修正,这样就为英语问题的解决提供了更加广阔的平台,也有助于培养和发展学生的团队合作精神,为学生今后的英语学习奠定坚实的基础。

(三)提高学生学习的自主性

自主合作探究学习最主要的特点是启发性。在自主合作探究学习中,教师可采用多种多样的方式,加强学生对主观能动性的认识,加强学生对语言、学习意识的重视程度,以增强学生的学习自主性。

二、英语课堂中自主合作探究学习方法的实施策略

在大学英语的课堂教学中,自主合作探究学习主要包括听、说、读、写、译等多种英语知识与技能。英语课堂中自主合作探究学习方法的实施策略主要可以从以下几方面来说。

(一)课前预习工作

教师可以结合课堂教学的实际情况,将全体学生分为若干小组,然后在课前给出相关的知识背景以及需要学生进行探讨的话题,再将它们分配给各个小

组,让各个小组进行内部沟通交流,进行课前的信息查找工作。这样,学生通过对相关学习资料的查找,可以进一步了解和掌握有关知识,进而更加高效地融入英语课堂的小组活动中来。

（二）课堂准备工作

教师可以先提出单元的课题,然后进行课程任务的布置,再让每个学习小组介绍相关的资料信息,最后让各个小组进行讨论,等小组间的讨论结束后,可以从每个小组中各选一名代表进行发言,之后让其他小组成员进行适当补充。此外,教师也可以通过图像、动画、声音等展示英语的学习资料,从而更好地锻炼和培养学生的英语口头表达能力。

（三）听力的合作学习

首先,教师可播放英语听力材料,同时对其中的生词及难点进行详细阐述。待听力结束后,教师要让学生以小组的形式对听力内容进行复述,这有助于学生将听到的内容很好地转化成自己的知识。此外,教师还可以让学生就相关问题进行讨论,这样就可以为学生进行口语练习创造更多的机会。

（四）阅读的合作学习

对于阅读的合作学习,教师一定要在开始课文讲解时进行问题的导入工作,所选择的导入问题要尽量贴近学生现实生活,这样师生、生生之间才会有话可谈。每个小组在完成问题讨论之后,教师都要针对学生的实际情况进行适当的评价与信息反馈,然后在每个小组选出一位代表,让其提出小组存在的问题,让其他小组帮助解答。如果其他小组也无法解答,教师可进行适当的引导。

第四节　英语课堂的任务型学习法

任务型学习法，是使学习者在真实的学习情境中带着任务进行学习，并持续驱动和维持学习者学习兴趣和动机的一种学习方法。任务型学习法是学习的一种途径，学习者通过接受学习任务，并循序渐进地完成任务，最终实现量变产生质变的学习效果。任务型学习法可以使学习者获得完成阶段性目标的满足感，并逐步巩固学习者最初的求知欲，持续维持学习者的学习兴趣，实现快乐学习的构想。任务型学习法是教师根据特定的交际方法和语言项目，设计出具体的、可操作的任务，学生通过表达、沟通、交涉、解释、询问等众多语言活动形式来完成教师布置的任务，以达到学习和掌握语言的目的。任务型学习法是在吸收以往多种教学方法优缺点的基础上形成的，它和其他的学习方法相辅相成、共同促进，彼此之间并不排斥。

英语课堂的任务型学习法通过让学生和教师共同完成某些任务，使学生自然习得英语。任务型学习法旨在把语言学习真实化，把课堂学习活动社会化，通过教学任务的学习，而非单独依靠一套教材、书本练习或者老师讲解。在课堂上，教师可以给学生设置任务，让他们设法用英语去解决问题、克服困难，从而提高英语综合应用能力。

任务型学习法强调的是学生的习得过程和知识构建过程，要求学生由外部刺激的被动接受者和知识的被动灌输对象转变为信息加工的主体、知识意义的主动构建者。教师在设计任务时，应将自己由知识的传授者和灌输者转变为学生主动构建意义的帮助者、促进者，鼓励学生以交流参与的方式进行学习。在教学活动中，教师应当围绕特定的、贴近真实生活的交际和语言项目，设计出具体的、可操作的、实用的、趣味性较强的、连贯性的任务,引导学生通过各种语言活动形式来完成学习任务,以达到学习和掌握语言的目的。

一、任务型学习法的构成与理论支撑

(一)任务型学习法的构成

1.目标

与日常生活和工作中的任务相似,学习任务首先必须具有明确的目标指向。这种目标指向具有两重性:一是任务本身要达到的非学习目的,二是利用任务所要达到的预期学习目的。任务型学习法所应达到的目标,是通过完成任务的过程,增强学生的语言意识,提高学生的交际能力,并使学生在语言交际过程中学会应用诸如表示假设、因果关系,或"肯定""可能""也许"等目的语言表达形式。

2.内容

任务型学习法的这一要素,可简单地表达为"做什么"。任何一个任务都需要实质性的内容,任务型学习法的内容在课堂上的具体表现,即学生需要履行的具体行为和活动。

3.程序

任务型学习法的程序是指学生在履行某一任务过程中所涉及的操作方法和步骤,包括任务序列中某一任务所处的位置、先后次序、时间分配等内容。

4.输入材料

输入材料是指学生在履行任务的过程中使用和依据的辅助资料。输入材料也可以采取语言形式,具体包括新闻报道、旅游指南、产品使用说明、天气预报等；输入材料也可以采取非语言形式，如照片、图表、漫画、交通地图、列车时刻表等。尽管部分课堂任务并不一定都要使用或依据此种类型的输入材料，但是在任务型学习法的设计过程中，通过提倡运用此种类型的材料，可以使教学任务的履行更具有操作性，同时能够使学习任务与学习行为结合在一起。

5.教师和学生的角色

任务型学习法并非都要明确教师和学生在教学任务中所要履行的角色，但教学任务大多会暗含或反映教师和学生的角色特点。教师既可以是学习任务的参与者，也可以是学习任务的监控者和指导者。在学习任务的设计过程中，设计者需要考虑为教师和学生进行明确的角色定位，以使学习任务能够顺利高效地进行。

6.情景

任务型学习法的情景要素是学习任务所产生和执行的环境或背景条件，具体包括英语语言的交际语境，同时也牵涉了课堂任务的组织形式。教师在教学任务的设计过程中，应尽量使任务情景接近真实，以增强学生对语言和语境之间的关系意识。

（二）任务型学习法的理论支撑

1.语言学的理论支撑

（1）社会语言学

社会语言学是在20世纪60年代在美国首先兴起的一门边缘科学。它主要是指运用语言学和社会学等学科的理论和方法，从不同的社会科学的角度去研究语言的社会本质和差异的一门学科。

对于这个定义，不同的学者有不同的理解。有的学者认为，此研究应以语言为重点,联系社会因素的作用研究语言的变异;有的学者认为,语言的社会学应研究语言和社会的各种关系,使用语言学的材料来描写和解释社会行为,并将语言当当作社会现象考察。

社会语言学将从以下两个领域进行探索:第一,是社会生活的变化将引起语言(诸因素)的变化,其中包括社会语境的变化对语言要素的影响。第二,从语言(诸因素)的变化探究社会(诸因素)的变化。在第一个领域中,社会是第一性,社会有了变化,才会引起语言的变化。在第二个领域中社会仍是第一性。社会语言学的任务是描述"语言和社会结构的共变"。"共变"是现代语言学常用的新术语。该命题说的"共变"是现代语言学常用的新术语。该命题说的"共变"指语言是一个变数。这两个变数互相影响、互相作用、互相制约、互相接触而引起互相变化。

社会语言学认为,语言的社会交际功能是语言的本质功能,一个人的语言能力不仅仅指其能否造出合乎语法的句子的能力。随着交际理论的产生,交际教学法迅速得到推广,并取得了巨大成功,已经成为指导语言教学和语言学习的重要思想、原则。结构主义语言学、转换生成语言学以语言结构或语言规则为研究对象,视语言为抽象的符号系统。社会语言学改变了这一语言研究传统,把关注目光投向语言的社会功能,认为语言是社会符号,试图从社会角度解释语言和意义。任务型语言教学出自交际语言教学,任务型语言教学特别强调语言意义的第一性,这是由语言的社会属性所决定的。

(2)系统功能语言学

系统功能语言学为英国著名的语言学家韩礼德(M.A.K.Halliday)创立。系统语言学不仅研究语言的性质、语言过程和语言的共同特点等根本性问题,而且探讨语言学的应用问题。系统功能语言学是20世纪最有影响力的语言学理论之一，对语言教学产生重大影响。根据系统功能语言学可知，语言是一整套句子，并且句法是独立的，人们通过语言建立和维系社会关系，语言的使用不可避免地反映出使用者特殊的文化背景、所扮演的社会角色和语言使用时当地的语言环境。换言之，对语义的理解不能脱离使用语言的人和语境。因此，对语言意义的理解也必须是动态的、基于情境的。培养学生动态的语言意识（主要包括文化意识、语境意识）是语言教学的重要内容，在此前提下，语言教学才可能是有目的的、有真实意义的。

综上所述，任务型教学要求引进真实的语言材料和借助任务来创设接近自然的语言习得环境，这体现了系统功能语言学对语境、语篇理论的关注，其目的在于使学生掌握语言的动态使用。

2.心理学的理论支撑

（1）皮亚杰的认知发展理论

认知发展理论是著名发展心理学家让·皮亚杰（Jean Piaget）提出的，被公认为20世纪发展心理学上最权威的理论。所谓认知发展是指个体自出生后在适应环境的活动中，对事物的认知及面对问题情境时的思维方式与能力表现，随年龄增长而改变的历程。皮亚杰将儿童的认知发展看作沟通生物学与认识论的桥梁，他认为通过对儿童个体认知发展的了解可以揭示整个人类认识发生的规律，从而构建起他的整个学说——"发生认识论"。皮亚杰把认知发展视为认知结构的发展过程，以认知结构为依据区分心理发展阶段。他把认知发展分为四个阶段：感知运动阶段、前运算阶段、具体运算阶段、形式运算阶段。

语言学习是学习者积极构建知识的过程，皮亚杰的学习理论是建立在对儿童认知发展研究的基础上的，它所强调的是学习过程的建构性。认识发展论关于学习的一个基本思想是：学习的结果不只是知道对某种特定刺激作出某种特定反映，而是头脑中认知图式的重建。学习并非个体获得越来越多外部信息的过程，而是学到越来越多认识事物、解决问题的程序的过程，会形成新的认知图式。同化和顺化的核心是相互作用观，学习是一个能动的过程，它需要认知主体的积极参与，学习的发生取决于个体与环境的交互作用。企图从外部注入知识是难以奏效的，真正有效的学习需要建立在学生主动理解的基础之上。教育则应该为学生提供富有个人意义的学习经验，由学生自己构建知识。

学习理论在任务型教学中得到了体现，任务型教学认为任务型教学的设计以促进学习者积极的认知参与为前提，以任务为核心单位计划，组织语言教学的目的就在于为学习者提供认识、体验、实践目的语的机会以及环境和条件。学习者为了完成任务积极思考，在用目的语交流互动的过程中，感受目的语的使用方法，领悟语言的规则，构建关于目的语的认识系统。所谓验证假设、修正假设，实质上也就是同化、顺化、打破平衡、达到新的平衡的过程，进而使有关目的语系统的图式更加系统化、复杂化，语言学习也因此向更高水平发展。

（2）布鲁纳的发现学习理论

发现学习是美国当代心理学家杰罗姆·布鲁纳（Jerome Seymour Bruner）所倡导并发展起来的教学方法。布鲁纳认为，学习的目的不在于掌握琐碎的知识，而是在获取、追求知识的过程中学会怎样学习。他还强调，教学的目的不仅是使学生牢固地掌握学科内容，还应当尽可能使学生成为自主而自动的思想家。这样，当学生在正规学校教育结束之后，将会独立地向前迈进。

发现学习理论把认知发展理论与课堂教学联系起来，倡导"发现学习"，即让学习者在语言运用的过程中发现规则。发现学习是指学生在学习情景中通过自己的探索、寻找来获得问题答案的学习方式,其主要内容是学习的主要内容必须由学生自我发现,学习的主要内容不是给予的。

从本质上而言,发现学习强调的是认知主体的积极参与,强调的是学习过程。在教学过程中,学生是一个积极的探究者。教师要为学生创设能够独立探究的情境,而不是提供现成的知识。学生学习的主要目的不是记住教师所讲内容和教科书上的知识,而是要搭建自己的学科知识体系。所以,学生不是被动的、消极的知识接受者,而是主动的、积极的知识探究者。

任务型学习与发现学习相似:一是任务型学习强调语言学习过程,有效的语言学习不是传授性的,而是经历性的。学习活动和语言内容同等重要,在某些情况下学习过程是第一性的,而学习内容是第二性的。任务型学习就是要让学习者体验学习的过程。二是任务型学习不主张直接呈现或讲解语言形式、语法规则,而是提供任务,任务中包含的问题需要借助语言来解决,完成任务的过程即学习者积极参与认知,在语言使用中感悟、发现、归纳、掌握、内化规则的过程。因此,任务中相当一部分语言知识的加工是隐性的。三是挑战性是任务设计的基本要求之一,有利于吸引学生的兴趣和注意力。

3.活动学习理论支撑

学习活动理论是苏联心理学中将学习过程看作完整的活动系统的一种学习理论。学习活动理论的代表人物是列克谢·列昂捷夫(Alexei Nikolaevich Leontyev)、加里培林(Пётр Яковлевич Гальперин)等。该理论认为,人是活动的主体,人类的学习是主体为适应社会生活的需要,以获得处理事物的社会经验为目的而进行的一种活动。只有当活动满足人的认识性需要时,此活动才是学习。学生的学习活动具有特殊性,并需经一定的阶段才能形成。学习是通过达到一定目的动作及操作来完成的，而动作又由定向环节、执行环节和反馈环节组成。三者构成一种特殊的控制系统。在学习活动中，定向环节直接制约执行环节，对学习的进程及效果具有决定性影响。该理论认为，为了更好地完成教学任务，必须选择最佳的教学方式。以学生特有的学习规律为基础的控制式教学最能体现学生掌握知识和技能的规律，可以最大限度地避免教学中的盲目性，提高教学成效。

活动学习理论把"活动"的概念引入学习领域，其基本的学习指导思想是"以活动促发展"。有学者认为，任务型学习是活动学习在语言学习领域的实践形态。一是任务型学习以"任务"即"用语言做事的活动"为其基本教学组织形式，任务型学习把贴近学生实际生活的、有待他们借助目的语完成的任务活动作为教学组织的基本单位。二是从学习方式来看，任务型学习积极倡导合作学习、交往学习、探索发现学习以及体验学习等学习方式。三是从发展能力、提高素质的角度来看，任务型学习所强调的互动性在使学生学会用目的语交际的同时，又学会了沟通、合作和共同学习，因此它也是以"活动"促发展的学习方式。

二、英语课堂的任务型学习法重要性

（一）任务型学习法有助于提高学生英语能力

高校英语的教学目标是培养学生在一定环境中运用英语的交际能力，满足学生日常生活中的英语交际需要，而任务型学习法正符合高校英语工具性和实用性的特点。利用任务型学习法，可以把培养学生英语语言实际应用能力的全过程分解到各个教学任务中，使学生带着真实的任务在探索中学习，在完成任务的过程中不断培养和拓展生存能力和工作能力。由此可见,任务型学习法特别适用于高校英语教学。

运用任务型学习法,有助于把语言教学真实化,把英语课堂社会化,其主要目的是让学生不仅在运用中学,而且为了运用而学。通过课堂教学,教师可让学生用英语完成各种真实情境的生活、学习、工作等任务,从而提高学生的英语综合应用能力。任务型学习法充分体现了学生的主体性,是改变以往大学英语教学模式以教师讲授为主的有效途径之一。

(二)任务型学习法能够创造真实或模拟语言环境

教师可运用任务型学习法,将真实生活的语言材料引入课堂,创设与真实生活密切联系的语言环境,以提高学生学习兴趣。教师在完成任务过程中充当的是示范者、组织者、指导者的角色。例如,在一个以购物为背景的任务中,英语教师通过任务演示,向学生提出完成该任务的要求,明确达到的认知目标,并布置任务。学生在规定的情境中准备并完成任务,展示结果。在这个任务情境中,学生可能考虑到挑选物品、讨价还价、购物方式等情况。学生在这样真实的或者模拟真实的语境中,进行交际活动,积极性较强,其语言能力、模仿能力和表演能力也会得到提高。

(三)任务型学习法能够帮助学生养成协作学习习惯

在任务型学习法中,学生通常以小组或团队为单位参与学习任务的整个过程,在一定的激励机制下,为获得最大的个人、小组学习成果,达到共同学习目标而协作互助。任务型学习法强调学生的创造性、自主性和互动性,在任务学习中,将每个任务分解成若干子任务,由小组成员分担各项子任务,但由于各个子任务之间有一定的联系。因此，组员之间不是独立的，而是需要共享资源、共同负责、共担荣辱、共同完成任务。同时，任务型学习法不仅体现在课堂上，而且可以延伸到课外，在课后任务准备或者参与第二课堂中，小组成员可以通过网络或者以面对面的方式进行沟通，交流自己对教学任务的看法和意见，启发彼此的思维。学生在这种相互依赖、相互帮助的环境中实现取长补短、共同提高以及共同进步。分组后，学生的学习不再只和自己有关，他们的表现将会直接影响小组的荣誉。在此种集体观念影响下，全组同学会一起为实现目标而共同努力。

（四）任务型学习法可以提高学生在英语课堂的参与度

任务型学习法是以学生为主体，充分发挥学生的主观能动性是其终极目标。为此，大学英语教师要求学生在任务中，人人演角色，人人有任务，人人要展示。此外，英语教师要尽量保证每个学生机会均等、任务相当。为了保证任务参与者与其他同学之间的交流互动，英语教师可要求小组成员之间相互提问并回答问题，这样就在最大限度上调动了学生的积极性。分组后的学生，由于彼此水平相当、目标相同，参与课堂任务的积极性亦将有一定的提高。

（五）任务型学习法可以有效监控学生课堂学习情况

在任务型学习法的语言课堂内，教师的身份和角色也在发生着转变，即从课堂的主宰者变成引导学生自主思考、自由发挥的引导者。但是，教师设置任务和学生完成任务仅仅是任务教学式课堂的一部分。任务型学习法要做到善始善终，任务式学习的课堂还必须配套完整而科学的评价系统，以实时监控学生参与课堂活动的情况。因此，任务学习的评价系统必须根植于学生的实际水平，坚持鼓励为先、测定为主、分层为辅的原则，优先鼓励英语基础较差的学生参与任务，并针对这部分学生，适当降低语言输入难度，增大输出任务量，以使他们跟上班级整体水平。教师在整个任务的完成过程中，不仅要起到维持课堂秩序、衔接课堂任务的作用，还要为学生提供任务线索，纠正学生的实践错误，尽力扮演好任务完成后的点评督导角色。

（六）任务型学习法可以创造合适的语言输入输出环境

"i+1"理论是在20世纪80年代，美国的心理学家和教育家斯蒂芬·克拉申（Stephen D. Krashen）提出的，"i"代表学习者目前的语言知识水平，"1"代表学习者目前语言知识状态与下一阶段的差距。克拉申认为，语言信息的输入既不能等同于其现有水平，也不能远远超出学习者现有的水平。因此，可理解输入的有效输入只能够是大于"i"，小于"i+1"的水平输入的语言信息。而任务型学习的另外一个独特之处，就是强调通过设置任务为参与课堂教学的学生设置真实可行的语言输入输出环境，并能根据学生的实际参与情况实时调整任务内容与难度系数，以求在第一时间定位适合学生的最佳输入输出语言环境。此外，在任务的内容和语境设置的取材上，更要源于课本并高于课本，以生动性、形象性和趣味性为主线，选取一些贴近学生生活的实例，不仅能引发学生运用语言解决生活实际问题的热情和兴趣，还能在完成任务的过程中，使学生掌握所学语言知识和技能，从而大大提高学生的学习效率。

在规划课堂时间分配上，教师可以分配一小部分时间，以提纲的形式分点列出本堂课所学主要知识点，并采用微格教学简要阐述其定义、概念和用法，略微举例之后，将大部分时间交付学生，让其用来完成任务，重复实践正确的价值，从而成为课堂的主角，真正实现以学生为中心。如此一来，学生极其容易迸发学习英语的兴趣火花,从而形成语言学习的良性循环,打破语言学习效率低下的陈规陋习,最终提高学习效率,增强学习效果。除此之外,由于任务的完成需要学生的集体互动,因此在实际教学过程中,教师为了保障任务实施的井然有序以及有效完成,可以将教学班级分成小组,使大班学生细化成若干团队。这样不仅可以提高任务完成的效率,更能在完成任务的过程中让学生互相取长补短、各司其职。

三、英语课堂中任务型学习法的实施

(一)英语课堂中任务型学习法的实施原则

1.兴趣性原则

兴趣是最好的老师,它能使人在工作中形成一种积极的心态。所以,在任务型学习法实施过程中,对学生兴趣的考虑至关重要。教师设计的英语任务,应符合学生实际情况,符合学生身心发展规律,且能激发学生共鸣和潜在的求知欲望,使其积极地投入教学任务中来。

2.真实性原则

真实性原则是所设计的任务,应源于真实的社会生活,贴近生活实际。这样的教学环节设计不会使学生感到陌生,可以使学生更好地融入学习任务之中。所以,在英语教学中,教师要尽可能创造出真实或接近真实的情境,引导他们运用所学语言解决实际问题。但是,"真实"不等于直接可以拿来用,因为源于生活中的一些真实任务,往往无法与课题直接对接,需要教师结合学生的实际情况,以及教学目的、教学任务、教学内容进行加工、整合,使其更加符合教学需求。

3."任务链"原则

"任务链"原则强调任务之间的关系,以及课题设计中各任务的步骤和程序,即怎么使设计的任务能够在教学中达到逻辑上的连贯性和流畅性,而非在课堂中简单穿插几个活动,各任务之间要相互联系,具有统一的目标指向性。另外,教师在设计任务过程中,要遵循由简到繁、由易到难、前后相连、层层深入的原则,使其形成环环紧扣的"任务链"。

4.可操作性原则

任务一定要具有目的性和可操作性,其中可操作性是任务教学法实施的一个关键。任务教学法实施不能脱离教师的掌控,教师在设计任务之前,要对任务教学法实施过程中可能出现的问题进行充分的预想,尽可能避免这些问题。同时,针对这些存在的潜在问题,要有相应的对策方法,推进任务的完成,让任务的操控性和目标性更强。

(二)英语课堂中任务型学习法的实施程序

1.任务型学习法的准备

首先,教师可以把全班学生按照5~6人分为若干小组,分组时,需要根据性别、学习基础、学习主动性的差异进行合理搭配,在每组选出一组长,作为自己的助手。组长的职责有考勤,组织组员完成教师分配的任务,帮助组员解决学习中遇到的难题,平时帮助老师检查常规作业,如抄写、速读、泛读等。对于组长的人选,一方面要考虑他们的英语水平,另一方面也要考虑他们是否有工作热情,是否愿意锻炼自己。其次,由于英语班级是非固定班级,学生往往不属于同一专业或同一系不方便联系,因此要制定班级通讯录。此外,教师也可安排学生制作班级英语期刊,把学生的活动成果刊印出来,一课作为一期,既可以满足学生的学习成就感,又可以锻炼他们的动手能力,还有利于学生学习、复习。最后，制定每一课的教案，包括教学目的、教学重点、活动的形式、任务的分配、指导、检查、实施及最后的评估、反馈等。

2.任务型学习法的引入

每一次任务从安排到完成约需六节课。教师可要求学生课前预习课文，第一节课把课文串讲一下，指出重点和难点，要求学生结合辅导书与课后练习进行操练，将其余的学习内容以任务的形式分配下去，让学生从听、说、读、写、译各方面学习英语语言。第二节课分配任务，各小组展开讨论。在任务型学习法的实施过程中，任务的设计非常关键，任务设计得巧妙、有趣、难度适中便易引起学生的学习兴趣，反之则会削弱他们的学习积极性。教学任务活动遵循的是交际性的六个特点，即让学生使用交流达到一定的目的。任务设计的主要形式有以下几种。

（1）从不同角度，运用不同体裁改写课文

例如，学到"The Sampler"时，教师可叫学生从老人的角度改写原文，有的学生便发挥想象力，添加老人的身世；学到"A Miserable, Merry Christmas"时，笔者让学生从父亲的角度改写课文，有的学生写到他怎样想给儿子一个惊喜但结果有点出乎意料。在学到"My First Job"时，学生根据教师提供的范文，为课文中的学校写一份招聘教师的广告或从原文中叙述者的角度写份求职信。学到"Is There Life On Earth?"时，教师要学生为记者招待会写份海报，诸如此类例子，实在不可胜数。改写课文是笔者重点运用的教学任务形式之一，它能紧密联系原文，有利于学生在理解基础上的输出，同时有利于发挥他们的想象力和创造力。

（2）话剧表演

教材的很多故事都是话剧表演的好素材，如"A Miserable, Merry Christmas"

"You Go Your Way，I Go Mine""The Sampler"等。首先，学生可把原文改编成剧本，酌情添加台词，然后排练表演。由于表演与课文内容相关，学生有了一个运用从课文中学到的词汇和语法结构的机会，巩固了对课文的理解，锻炼了自己的听、说、读、写技能。

（3）为课文准备背景材料

例如，学到"Is There Life On Earth?"时，教师要求一组学生到图书馆查阅有关太阳系八大行星资料并向其他同学做讲解；学到"The Party"时，要求学生们准备印度独立及眼镜蛇的有关资料；学到"A Woman, Who Would Not Tell"时，一些同学主动要求准备美国南北战争的资料，这也锻炼了学生收集资料、归纳总结等能力。

（4）小组讨论和写读后感

例如，学到"The Present"一课时，让学生们讨论比较外国老人与中国老人的生活状况及他们的人生观、价值观，以及怎样对待自己的父母；学到"Is There Life On Earth?"时，让学生讨论怎样从我做起、从小事做起保护我们的地球，这样便把科学、人文素质教育寓于英语教学之中。

（5）编故事

编故事也是操作、复习课文重点、难点的好方法。具体做法是从所学英语课文中挑出 10 到 15 个重点词汇或短语，让学生用于所编故事中，顺序不限。编故事可避免学生机械记忆，并提高其灵活运用英语语言的能力。

（6）其他难度较大的任务形式

例如，学到"The Party"时，可组织辩论赛"Man or Woman, Who Has More Self-control?"；学到"My First Job"时，可以做个求职面试；学到"Is There Life on Earth?"时，可以组织一个新闻发布会等。

3.任务型学习法的结束与评估

任务分配过后,英语教师需要给学生两节课的准备时间,并加强课外辅导。之后上课,教师就可以开始检查任务完成情况。除了表演性质的,一般是每组选一个代表,上讲台陈述各组的任务完成情况。陈述完毕,其他小组便为陈述小组打分并作简单的评议。小组评议保证了每组陈述时,其他小组在认真倾听。同时,为保证每个组员都积极参与任务,组长要对组员的参与程度做记录、打分。另外,每组陈述后,老师也要对其任务完成情况做客观、公正、有针对性的以鼓励为主的评价。自我评价占20%,小组评议占30%,老师评价占50%,这都可作为平时成绩记录下来。

4.任务型学习法的结果反馈

每一课的学习结束后,教师可采用问卷调查、个别谈话等形式听取学生的意见,对教学及时作出调整。例如,第一次运用任务教学法后,教师可进行问卷调查,绝大多数同学都对新的教学方法表示欢迎,认为这种方法更生动有趣,学习起来更轻松,也更能培养他们的综合能力。但也有个别同学不太赞同,有的是因为学习观念没转变过来,有的是因为学习基础不好,又不预习课文,教师简单串讲后,他们还是搞不懂课文。针对这样的同学,教师可通过个别谈话,引导他们锻炼独立学习的能力,养成良好的学习习惯,多向其他同学学习,以适应新的教学法。学生经常提出许多好的建议,对教师教学和自身学习都有很大帮助。

(三)英语课堂中任务型学习法的实施策略

1.主体性实施策略

在高校英语课堂教学中,教师应明确学生是教学活动的主体,坚持"以人为本",树立主体意识。教师运用任务型学习法时,应重视学生的主体地位,改变传统的"教师主导课堂,学生被动听讲"教学模式,培养学生的学习兴趣,激发学生的学习动机。同时,教师还应激发学生的潜能,培养学生的自主能力,在英语教学中发挥学生的主观能动性和主体性。首先,教师可以为学生创设良好的学习氛围;其次,教师应尊重学生,尊重学生之间的差异;最后,教师应尽量丰富教学内容。

例如,教师可以为学生营造良好的学习氛围,多与学生沟通交流,和学生以朋友的方式相处。为学生营造良好的学习氛围,可以对学生的智力和非智力发展起到明显的促进作用,使学生没有顾虑地全身心参与课堂教学活动,激发学生学习英语的热情,增强学生的主体意识。同时,教师应了解不同学生之间存在的差异,尊重每一位学生,并以鼓励的方式为主,经常鼓励学生,增强学生学习英语的自信心,提高学生解决英语学习任务的积极性。另外,教师可以利用先进的多媒体技术丰富高校英语的课堂教学,利用音频、视频等为学生讲解英语教学知识,将书面的知识用形象的方式呈现,加深学生的理解。同时,借助多媒体技术,教师也能更方便地给学生布置相关的学习任务。

2.目标性实施策略

随着社会的发展和国际交流的增加,掌握一门外语对当代大学生而言是一项极其重要的学习任务,而英语作为一种世界性的语言,在高校语言学习中尤为重要。任务型学习法对大学生英语学习具有明确的指导意义,因此在高校英语教学中,教师应善于运用任务型学习法,为学生布置明确的任务,让学生在完成任务的过程中提高英语综合运用能力。但是,当今的高校英语教学目标又存在动态性和多层次性,因此教师在设置目标时,应考虑学生的实际情况,根据学生的实际学习情况设置能提高学生某方面能力的任务。

例如,教师可以为学生设计一份关于英语学习的调查问卷,了解学生哪些方面的能力较为薄弱，了解学生的英语学习情况，根据调查结果为学生制定相应的教学目标。如果从调查结果中发现大部分学生阅读英语文章有困难，教师就要分析学生阅读困难是哪些原因造成的。如果教师通过调查发现是因为学生的词汇量不达标、基础知识不扎实，可以为学生布置相应的任务，如背诵单词、词组等。同时，教师可以教学生一些学习英语词汇的方法，如反复记忆、图文对应、在阅读中猜词意等。

另外，在发现学生的理解能力差导致学校阅读困难时，教师可以为学生布置相应的任务，如坚持阅读，查阅阅读材料相关的文化背景知识等。通过这种方式开阔学生的视野，增加学生的英语知识。同时，教师可以为学生布置相应的阅读理解题，让学生在做题中既提高阅读理解能力，又提高自学能力，通过有目的地为学生布置学习任务，可以逐渐提高学生英语专项技能，从而促进学生英语的全面发展。

3.合作性实施策略

在高校英语任务型学习法中，应强调学生的合作性，加强学生之间、师生之间的互动，可以让学生通过合作学习共同完成相应的任务。在学生合作完成任务的过程中，还要加强学生与教师之间的互动，提高学生的团队精神，使学生之间互相帮助、互相合作、共同进步，加强学生之间的交流和了解，同时拉近师生间的距离，提高学生的学习效率。另外，合作学习与传统的教学相比，更能有效激发学生的学习动机，提高学生课堂的参与度。合作学习也是一种使学生有效地学习英语的方法。

例如，教师在为学生布置学习任务之前，可以将班级学生按照学习情况的不同、理解能力的不同、性格的差异等分成若干小组，保证每个小组中学生的平均程度都尽量相同，便于任务的顺利进行。然后，教师可以为学生布置学习任务，如教师在讲到一篇英语阅读时，可以让小组用角色扮演的形式将阅读呈现出来，并建议学生分工合作，让每个学生都参与学习。此外，教师可以让小组合作分段背诵英语课文，让英语成绩较好的学生背诵课文中比较难的段落，照顾小组中英语成绩较差的学生，以培养学生分工协作的能力。同时，培养学生的合作精神，使学生都能有相应的提高。在学生进行小组合作学习时，教师可以与学生互动，及时引导、帮助学生解决小组合作学习中的困难，使小组成员得到一定程度的提高。

4.交际性实施策略

在高校英语教学中，教师除了应重视语言知识的讲解和传授，还应重视学生口语交际能力的培养。而高校英语任务型学习法的一个重要特点就是交际性。在高校英语教学中，教师要恰当运用任务型学习法，培养学生的英语口语交际能力，提高学生的交际能力和语言的实际运用能力，并使学生在实现任务过程中不断强化英语能力的训练，最终实现英语学习的目的。

例如，教师在运用任务型学习法培养学生交际能力时，可以通过两种布置方式进行：第一，为学生布置自由交谈任务，学生在中学时期进行专门的听说训练的机会较少，但是英语学习的最终目的就是听懂、会说。因此，在高校英语教学中，教师应为学生布置口语交际作业，并抽取部分课堂时间引导学生用英语自由表达，找到学生的表达中的不足并及时纠正。通过这种任务的布置，不但可以锻炼学生用英语交谈的勇气和胆量，而且可以逐渐提高学生的口语表达能力。第二，布置小组讨论任务，教师可以让学生各小组合作收集与教学相关的文化背景知识、不同民族间的风俗习惯等。然后，让各小组派出代表用英语进行阐述，教师根据学生的阐述提出相应的问题，让各小组进行讨论，找出问题的解决方法。最后，通过听、说、讨论这三个步骤，逐渐提高学生的思维能力、概括能力和英语口语表达能力。同时,教师可让学生搜集知识,以拓展学生的知识面,开阔学生学习英语知识的视野,这也有利于提高学生学习英语的自信心。

(四) 英语课堂中任务型学习法的注意事项

1.课堂任务要明确

任务型学习法最重要的是任务要明确,不能模糊不清。明确的课堂任务能够让学生清楚本节课要做什么事情、达到什么目标,从而更好地制订计划,小组才能根据任务进行合理的分工。例如,这堂课是英语口语课,教师要让学生明白需要掌握哪些口语的表达,掌握哪些单词和语法知识。

2.课堂上以学生为中心

传统的英语课堂大多是以教师为中心的,学生处于被动地位,这显然不利于锻炼学生的口语和表达能力。因此,大学英语课堂应该发挥学生的主动地位,以学生为中心,让学生去主导课堂,激发学生完成课堂任务的积极性,提高学生学习英语的兴趣。

3.注意课堂纪律

采用任务型学习法,需要学生在课堂上积极表现,这期间难免会有一些学生不能控制自己的情绪。作为教师,要注意把控课堂纪律,不能让学生把课堂当成娱乐场所,影响课堂的效率。教师要引导学生以任务为中心,不能脱离任务去做自己的事情。

4.教师要多鼓励学生

所谓激励,就是利用某种外部诱因调动人的积极性和创造性,使人有一股内在的动力,朝向所期望的目标前进的心理过程。教师应该在课堂多表扬学生,引导学生大胆地表演,去锻炼自己的表达能力,增强学生学习英语的信心。对于在任务中表现欠佳的学生，教师也不能直接批评，而是要真诚鼓励他们勇敢前进。

5.要与其他教学方式相结合

任务型学习法一般不宜单独使用，而要和其他的学习方法结合使用。例如，将任务型学习法和教师讲授法相结合。因为在点评环节，教师还需要对课堂进行总结，对知识点进行简单讲解。另外，任务型学习法还要借助各种教学工具，使课堂变得更加具体化、直观化。

第五章　高校英语课堂中的教学创新

第一节　高校英语课堂的教学优化创新

高校英语课堂的教学优化创新可以从以下方面着手（图 5-1）。

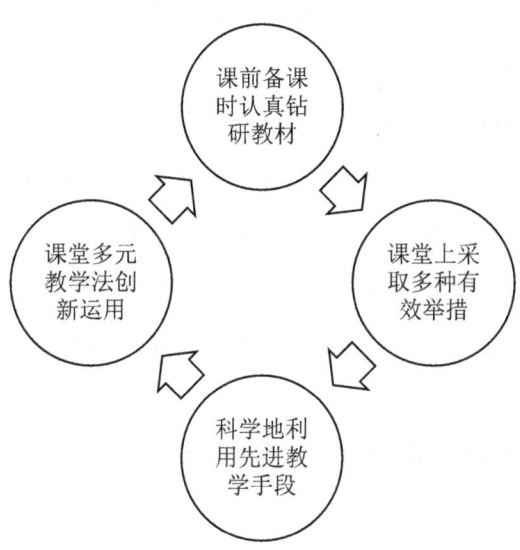

图 5-1　高校英语课堂的教学优化创新

一、课前备课时认真钻研教材

高校英语课堂的教学,需要对教材进行科学的、必要的处理,在保证讲清楚要点、难点的前提下,删改教材内的教学内容。为了能有较多的课堂时间来对学生进行语言能力训练,教师必须对教学内容进行必要的裁减和压缩。因此,教师在课前必须精心备课,找出每一单元(含课文和习题)中所有的知识点(包括词汇、语法、句型结构等),对它们进行筛选,挑出其中的重点、难点,在课堂上展开讲解并作必要的操练,而将余下的内容或一语带过、点到即止,或提示学生课后查考相关的工具书等自主学习。

在备课时,高校英语教师要明确这样一个指导思想:课堂上对于所要讲授的语言点必须力争做到精讲多练,尽量让学生通过大量的语言操练来掌握语言技能。为此,在备课时就要研究确定所要采用的训练方式或手段,编写设计形式多样的课堂操练项目等。

在备课时,高校英语教师要注重语篇教学,注意发掘词句的隐含之义、段落的主旨大意以及整篇课文的主题思想乃至文章的感情色彩、作者的写作意图等,为此要精心设计一些富于启发性的问题,以便在课堂上用来引导和启迪学生的思路。此外,高校英语教师还要关注课文所涉及的西方文化传统、社会习俗等,以便在课堂上向学生传授必要的跨文化交际知识与技能。

二、课堂上采取多种有效举措

高校英语课堂的教学,包括形式多样的双边活动和训练活动,侧重培养学生的英语语言综合运用能力,尤其是听说能力。每次上课伊始,教师可留出少许时间,要求学生完成多种多样的听说训练或自我展示活动。除特殊项目,一般活动只用时 5～10 分钟。活动有自由发言、主题发言、新闻报道、主题辩论等形式。

第一，自由发言。教师可每次要求 2～3 名学生依次走到前台，分别向大家报告天气情况、校内新闻；介绍家乡变化、旅游见闻；描述校园生活、学习感受；针砭时弊、发表个人的见解、评论等。有时亦可几人合作，共同表演、进行对话等。

第二，主题发言。教师可每次要求 2～3 名学生按照教师事先给定的主题或话题依次向大家发表自己的见解或观点。学生最好在课前做好发言准备，如撰写发言提纲等。

第三，新闻报道。教师可要求学生课外通过网络、图书、报刊等获取信息，经过适当编辑后，在课堂上向全班通报重大国际、国内新闻，尤其是经济、科技、体育、文化等领域的最新消息。

第四，说笑话、讲故事。教师可要求学生讲述自编或摘选的笑话或故事，讲述后应根据故事、笑话的情节或主题提出几个小问题，让班级其他学生思考和解答。

第五，主题辩论。教师可要求两组学生组成正、反两方，针对某一热点问题或流行论点展开简短辩论。

第六，课本剧或小品表演。教师可在教材中选择 1～2 篇适宜的课文，指导学生利用课余时间改编成剧本，或直接采用教材中的剧本片段，适当修改后让一组学生在课堂上表演，学生可自行预备服装、道具等，也可以要求学生分组表演同一题材，每次两组，选择若干学生担任评委对各组的表演打分评判，看哪一组演得好、有创意，并可设适当奖品以资鼓励。

第七，听写训练。教师可读出若干单词、单句或段落，让全班学生听写。

第八，做游戏。教师可组织学生做各种小游戏，如猜谜语、词语接力等。

上述操练形式无法穷尽，在此只列举经常采用的较为有效的类型。其中，前四项属于个体性活动，教师可在其中任选一种在课堂上进行，让全班学生按学号排序轮流参与，轮到的学生按照教师指定的某一种训练形式进行自我展示。中间两项属于若干人同时参与或分组进行的群体性活动。后两项则属于集体性活动。全班学生全员参与，次数可根据需要灵活调整。教师每学期可选择1～2种活动形式，最好选择其中一种作为较固定的活动形式，根据具体情况灵活选择另外一种活动形式。这类举措不仅可以直接地对学生的英语语言综合运用能力特别是听说能力进行训练与培养，而且可以激发和培养学生的学习兴趣，活跃课堂气氛，提高教学效果。

三、科学地利用先进教学手段

教学手段是师生教学相互传递信息的工具、媒体或设备。随着科学技术的发展，教学手段经历了口头语言、文字和书籍、印刷教材、电子视听设备和多媒体网络技术等五个使用阶段。现代化教学手段是与传统教学手段相对的。传统教学手段主要指一部教科书、一支粉笔、一块黑板、几幅历史挂图等。现代化教学手段是指各种电化教育器材和教材，即把幻灯机、投影仪、录音机、录像机、电视机、计算机等搬入课堂，作为直观教具应用于各学科教学领域。

自19世纪末以来，幻灯机、电影、电视机、计算机等相继发明，并不断地在教学领域推广使用。这些现代化的科学技术为教学手段的现代化提供了技术基础，正是这些现代科技把教学手段现代化变成了现实。而且，由于现代化教学手段具有设备电子化、兼用形声呈现教学信息、对教学内容作一定的变换

"处理"、教学的时间与空间适应性强等方面的特点，因此它的出现对教育产生深刻的影响：拓展了教育的时空，使传统阶段教育向现代终身教育发展成为可能；引起教育内部的深刻变革，促使教育思想、教育观念的转变；冲击传统的教育结构、制度，促使现代教育体系的确立；引起教师与学生的教学行为的变化；把传统的教师、学生教学系统发展成为教师、教学机器、学生的新型教学系统；发展了教育内容的表现形式，增强了教育教学的吸引力；提高了教育教学的质量；降低了教育成本，增进了教育的效率。由此可见，教学手段现代化是一种历史的必然，它对促进教育现代化具有重要的作用。因此，我们应当重视科学地利用先进教学手段。

就目前的绝大多数高校来说，基于计算机的多媒体教学模式仍占据主导地位。基于计算机的多媒体教学，主要是指在编写电子教案并制作相应的幻灯片的前提下，利用多媒体设备来进行英语教学的模式。课堂上除了利用多媒体展示软盘、U盘或移动硬盘上存储的与教材紧密相关的教学内容，还可利用多媒体设备的声音、影像、图片等功能，适当播放一些课外的英语学习材料以及英语原版电影片段等；也可直接采用购置的或自行制作的计算机辅助教学（Computer Aided Instruction, CAI）课件进行教学。其最大的优势是可以随时从互联网上下载鲜活的、即时的信息资料，包括政治时事、突发事件、经济科技新发展以及各种相关的数据信息资料、影视资料等，使英语教学同现实生活紧密联系，从而可以进一步激发学生学习英语的主动性和积极性。

先进的教学手段往往能有效刺激学生的大脑皮层及其内在的学习机制，激发学生的学习兴趣，进而提高教学效果。此外，还可节省教师板书的时间，既可增大课堂信息量，也可提高课堂训练的效率。

但须注意的是，在教学中切不可一味地依赖这些先进手段、忽视教师的主导作用，而应不断探索这类先进手段与教师讲授、学生演练之间的最佳结合方式，即合理使用先进教学手段。科学地利用先进教学手段的原则是，在需要的时候恰当使用多媒体设备，并且在其运用过程中仍应不断穿插教师必不可少的讲授、引导，而非教师照"屏"宣科、学生观"屏"不语，将设备的运用与教师的讲授及学生的操练割裂开来。只有遵循科学地利用先进教学手段的原则，才能充分发挥其正面效应，更好地体现课堂上教师的主导作用和学生的主体地位，提高学生的学习效果。

大学英语课堂教学方法改革的确是十分重要和必要的。过度依赖先进设备或手段是不可取的，必须采取各种措施加强课堂上的师生互动，通过脚踏实地的训练，使学生的英语语言综合运用能力得到提高，同时也应注重对学生自主学习能力的培养。

四、课堂多元教学法创新运用

英语教学方法是在英语教学实践中，经过人们长期的反复探索、不断总结而形成的一系列行之有效的教学方法。良好的教学方法可以为英语教学和研究的进一步发展打下基础。

教学方法是教师和学生为了达到教学目标，完成一定的教学任务，师生在共同活动中采用的手段，既包括教师教的方法，也包括学生学的方法，两者是相辅相成的。采用教学方法的直接目的在于维持学生一定的兴趣和注意，以学生可接受的方式呈现教材，强化和调节学生的行为，解决学生的学习障碍。学习是学生和教育方法相结合的结果，或者更确切地说，学习是这两者交互作用的结果，可见教师运用的教学方法会直接影响教学效果。对大多数英语学习的成功者而言，好的教学方法如同好的教师和好的教材一样，是其成功不可或缺的外部条件。

随着语言研究的发展和多种语言流派的出现，人们对英语教学规律的认识也在不断变化，因此英语教学法流派呈多元化的发展趋势。在目前盛行的语言教学法中，至少蕴含着三种不同的理论观点：一是结构理论，该理论认为语言是一套结构上互相联系着的传送意义的语言要素系统，主张从语言结构入手去理解意义。这样目的语的获得主要是通过掌握语法单位和词汇来完成。听说法和沉默法便是该理论典型的例子。二是功能理论，该理论认为语言是传达信息和表达思想的工具。它看中句子的意义而不是形式。交际法便是该理论典型的例子。三是交互作用理论，该理论认为语言是建立人与人之间关系的桥梁，是个人进行社会交往活动的手段。它注重行动、言语行为及交际角色的交换方式，反映在教学中有交互性语言教学法、语篇分析、第二语言习得等方面的研究，这三种理论模式为语言的教学方法提供了理论支撑。

然而，各种教学法虽各有主张、各有所长，随着教学法理论研究与实践探索的不断发展，却逐渐呈现出越来越明显的各取所长的折中化现象，这就是英语教学中的折中主义。该理论主张在外语教学中权衡各种理论、方法、途径，吸收其优点，使之用于多样化的教学环境。

教学方法的优化程序中一个最重要的、也是最困难的问题是合理地选择各种教学方法，在该条件下，在有限的时间内获得最好的教学效果。教学方法的选择在于如何根据教学目的、任务的要求选择合适的方法，以求达到预期的教学效果。教学包括教与学两方面的内容。学生在学习英语中要记住大量单词、短语和句型，教师也要给学生讲授许多语法知识，语言现象。

（一）质疑教学法运用

质疑教学法，简单说就是针对课文内容提出怀疑，然后针对提出的疑问再行解决问题的一种教学方法。根据 3R 系统学习法，课堂基本步骤为：以"学生为中心"的课堂交互活动教学模式常见的为师生间的"IRF"形式，即激发（initiation）→应答（response）→反馈（feedback）。教师常以提问的形式发起交流活动，而后学生作答，教师提供反馈（包括评估、纠错和建议等），三部分依次往复，循环进行。课堂教学围绕答疑解惑的过程有序进行。质疑法可针对某一语言或语法现象，在课堂教学或练习讲评时使用，也可针对文章的主题、段落的理解、作者的意图等。课堂提问是一项重要的教学手段，是课堂上师生之间交流的一种方式，更是一种艺术。利用好质疑教学法，能激起学生的兴趣，活跃课堂教学气氛，提高教学效果。而教师的质疑提问要有启发性，提问的形式要有创造性，要有新奇感、幽默感。所提问题能激发学生思考，促进学生的思维发展，引导学生积极探索，并提出自己的见解。

（二）启发式教学法运用

启发式教学法，就是根据教学目的、内容、学生的知识水平和知识规律，运用各种教学手段，采用启发诱导办法传授知识、培养能力，使学生积极主动地学习，促进学生的身心发展。这里要着重说明，启发式教学法不仅是教学方法，更是一种教学思想，是教学原则和教学观。

启发式教学的关键在于"启"和"发"二字，即启迪思维，激发内因。启发式教学模式是改变以前"以教师为中心"的教学方式，给学生充分的时间和空间，建立一种能培养学生独立开展创造性语言交际环境的课堂教学形式。启发式教学，在教育目标上强调传授知识的同时重视运用能力的培养以及非智力因素的发展；在教与学的关系上，采取"以学生为中心"的原则；在教学方法上，着重于充分调动学生学习的主观能动性，培养学生英语综合应用能力。启发式教学是根据学生本来水平、兴趣等实际情况，科学而生动地阐明事理，启发、引导学生乐于学习，勇于、善于探索的教学法。

启发式教学法的重中之重是要掌握处理经验中各项问题的方法。能给学生留下最持久印象的教师应当能够唤起学生新的理智兴趣，把自己对知识的热情传导给学生，使学生有探究的渴望，找到自身的动力。启发式教学法是教师在教学过程中依据学生获得和掌握知识和技能所需要的思维过程的客观规律，引导学生主动、积极地掌握知识的教学方法。

教师在课堂中要充分考虑到学生主动发展的需要，积极采用启发式教学法，调动学生参加学习活动的积极性和主动性。此外，教师还要设计弹性化的，有一定间域或思维度的课堂问题，教给学生分析解决问题的思路，启发学生积极思考，提高他们的思维能力。通过实践教学互动，教师不但要完成大纲所规定的知识传授内容，而且培养学生的素质和能力。

第二节 新媒体下的高校英语课堂创新

时代发展之快，使得现阶段的社会生活逐渐媒体化，在原有媒介的基础上，更是不断地衍生出新媒体，并逐步深入人们生活工作及学习中的各个领域。在这一环境发展背景下，高校也需与时俱进，将时代与教育有机融合，为学生构建更为科学化专业教学，促使学生既能够提升专业课程学习的效率，亦能够更好地适应社会的发展。

随着经济全球化时代的全面到来,跨文化交际变得日趋频繁、密切,这使得我国各行各业对英语专业人才的需求逐年增强,且对英语专业人才提出了越来越高的素质要求。近年来,新媒体的兴起为高校英语教育事业的改革和创新带来了宝贵的契机。高校教师要提高教育教学的觉悟,以发展的眼光看待教育,及时革新教育思想及观念,积极学习并融入新时代的发展中,将新媒体技术贯彻融入英语教学,以构建更具现代化的优质教学课堂。

一、新媒体对高校英语课堂教学的影响

新媒体环境对高校英语教学产生了深远的影响,它一方面对高校英语教学带来了冲击和挑战,另一方面也对高校英语教学的改革和创新带来了许多便利。具体来说,新媒体环境对高校英语教学的影响主要体现在以下几个方面:

首先,新媒体环境对传统的高校英语人才培养模式带来了极大的冲击,它正在催化高校英语人才培养模式的转变。在传统的英语人才培养模式下,学生多数依靠课本、老师的讲解、磁带和教学光盘等进行学习。这种模式下培养出来的英语专业人才,势必在口语表达、交际能力和信息处理能力方面有所欠缺,因此难以满足新媒体环境下的英语人才素质要求。而新媒体技术、资源的应用,则为学生们提供了相对自由的学习平台,使其可以相对自由地获取更多学习素材,获得更多口语表达和跨文化交际的机会,进而使自身语言综合素质得到协调发展。其次,新媒体环境使学生获取信息的渠道更为多元化。在新媒体环境下,学生借助计算机、互联网,可以自行搜索、整理、获取更多学习素材和学习信息,这使得他们能够摆脱书本的束缚。多元化的信息获取渠道和海量的学

习资源，使得学生的视野进一步拓宽，思维活力进一步提升，这对其语言综合素质的发展和创造力的提升大有裨益。

目前我国高校英语教学工作尚未完全适应新媒体环境，在教学理念、方式、手段上仍然有一些不足之处，如教学理念模式僵化、忽视交际能力的培养、忽视学生主体地位等。

二、新媒体下的高校英语课堂创新对策

（一）延伸英语教学内容

在英语教学创新发展中，内容占据着重要地位，需要教师加以重视。教师通过对教学内容的优化延伸，提高学生的英语综合应用能力，实现高质量人才培养的教育目标。新媒体环境下的教育，为教学提供了更为丰富的资源及体现形式，教师可借助这一技术手段，为学生广泛搜集、整合并筛选与教材内容相适应的、教材中未涉及的拓展性教学素材，对英语内容进行延伸，在拓宽学生英语文化视野的同时，优化课堂教学的呈现形式。在此过程当中，教师既可以利用网络搜索英文影视剧、音乐歌曲、图片、文字性材料等，以丰富教学内容的呈现形式，使学生更好接受和拓展新的知识内容，激发学生英语学习的积极性和主动性；还可以建设校园英语资源库，将大学英语中教材及教学涉及的内容收录并上传至其中，如电子版英美名著，高质量英文学术论文，词汇、短语、句式及语法等知识体系电子文档等，让学生依据自身的需求在资源库中进行阅读浏览；亦可以结合教材内容为学生推荐并选择阅读的资料内容，以作为教学内容的延伸，提高学生的英语综合应用能力。

（二）拓展英语教学形式

新媒体技术的教学应用在一定程度上优化了传统教学模式，使英语课堂更具趣味及活动性，使学生能更好融入课堂，这有利于提高学生学习的主动性和积极性。在新媒体技术的具体教学应用上，教师要积极开辟并拓展其应用的方式手段，为学生构建更加多元的教学课堂，以更好地增强学生的英语学习体验，使其能够在更具趣味的教学课堂中实现英语学习的高效率互动，提高其基础技能及语言应用能力综合素养。例如，教师可结合教材内容搜集与之相关的短视频、影视等资料内容，进而让学生依据其中的话题内容展开对话交流。结合学生的现实基础，教师亦可设立难度相对较低的互动活动课堂，如让学生模仿其感兴趣的电影片段，要求其语气、发音等各个方面能够与原版高度相似，在此过程当中，教师亦可鼓励学生模仿角色的表情、声音，以增添模仿的趣味性。如此形式下的课堂，不仅能够打消学生英语学习的抵触及惧怕心理，亦能够实现其语言能力的提升锻炼，使其能够在此过程中逐渐增强英语学习的信心，又能够落实英语实践应用的培养目标。

此外，除了新媒体教学，教师亦可以鼓励学生应用新媒体，以创新学习的方式，例如，让学生自主制作趣味短视频，要求其语言内容以英文为主，可以依据教材内容进行短视频的制作，也可以让学生的个性充分发挥，自编自创短视频内容，以丰富新媒体环境下的英语学习方式。这样，在短视频的制作过程中，学生能够逐渐提高英语能力及创新能力等。教师既可以让学生应用现时下的热门软件，如抖音、喜马拉雅等，亦可以创建校园内部专门的新媒体平台，鼓励校内学生分享并发布趣味学习内容，构建校园模式下的大型"朋友圈"，营造独具特色的校园个性化学习平台。

（三）优化英语教学手段

传统形式下的高校课堂教学往往存在着教学的横式贯穿现象，即教师的教学更为统一化和综合性，并不具备针对性，且教师的教学多是以教材的设计编排为主，较少关注课堂，更加注重课程任务的完成性。具体的知识内容完全需要学生自主展开知识学习，然而对于未能有效理解教师讲授内容的学生而言，则更是难以有效地实现自主学习，导致大学阶段的学习效率不高。因而，在新媒体技术的发展应用下，教师需结合这一技术优势，增加对学生的关注，注重学生个性化的培养与指导，让学生能够切实提高英语水平，增强其英语学习效能。

一方面，教师需充分了解所教授学生的综合能力水平，进而为其设计并制订科学的学习计划，帮助学生切实提升自我；另一方面，在新媒体技术的环境背景下，教师可以为学生提供多元化学习资源，包括与课程知识内容相符的资料内容，以及拓展性、基础性、提高性资源内容，让学生结合自身的实际需求利用资源，以帮助学生更好地提升自我。同时，在课程知识的讲授过程中，教师亦需要注重难度。并非时下所有步入大学的学生都具备较高的英语基础，他们可能存在不同方面的能力差异，如口语交际能力、听力、阅读能力等，因而需注重教学过程的因材施教，并发挥新媒体技术的优势，以更好地培养和提升学生的英语学习。

三、新媒体下高校英语课堂的创新应用

（一）交互媒体与自媒体应用

新媒体技术环境下，高校可自发设立校园内部网络形式下的英语聊天室，将其作为交互媒体，亦可以在教学应用中借助其他通信社交软件及工具建立英语学习群组，如时下流行的微博、微信、QQ、钉钉等。在新媒体技术的交互性作用下，其多向式特点使得教学授受的形式彻底转变，不仅能够实现多位教师同时进行教学指导，亦能够由一名教师向多名学生展开指导，且交互形式上不受限制，能够使传统形式下的课堂教学逐渐延伸至课堂之外，学生在学习期间能够不受时空的限制而随时进行提问，且提问面向的群体既可以是教师，亦可以是学生，使得学习的交互性更强。在这样的环境模式下，学生既能够有效解决学习期间的问题，又能够实现学习过程当中的相互提升，使得课堂的延伸性教学价值有效落实。

（二）一体化网络融合素材应用

英语教学需要依托素材的支持，以更好地将知识传授于学生，使得学生能够在素材内容的辅助作用下获取新的知识，掌握学习的方法技巧。而素材内容的差异同样影响着学生的学习效果。在一体化网络媒体融合式教学创新下，教师在展开创新教学中，应注意素材有效融合的重要作用。教材内容的设计存在一定的局限性，难以将广泛的知识体系全融入书本之中，而全球一体化的网络则纳入了无限领域的教学资源素材。除此之外，教师还可通过互联网的搜索引擎功能对教学过程中涉及的知识进行搜索，为学生选取更为优质的教学资源，以丰富学生的英语知识，使其能够更好地获得知识训练，实现能力的有效提升。

除国内的网络网站系统外，大多国外高校也建立了较为完善的英语语料库，教师可借助这些语料库进行英语教学。

（三）英语微视频的创新应用

新媒体环境使得教学创新能够更好地向交互式教学发展，为英语知识教学提供了丰富优质的大量资源素材，使得学生的学习体验更优。其中，微视频的教学应用在近年来更是逐渐地发展起来，其时长相对较短，且制作的方式简单，学生亦可借助智能手机等设备进行英语视频、短剧等的创意制作，锻炼并提升自己的英语语言能力。教师可以将微视频制作当作教学活动开展的一种形式，结合教学内容进行主题的设定，让学生充分发挥其思维创造，进行英语短剧的创作，以增强学生的英语语言学习体验。

网络的发展造就了多模态的社会环境，在新媒体热潮盛行的大环境背景下，高校英语教学工作的开展有了更为多元的教学途径。不论在内容上、形式上还是方法上，高校英语教学都有诸多的教育发展优势。因此，教师应积极展开教学改革与创新教育工作，将新媒体技术全方位应用于课堂教学，以构建更加丰富多样的教育教学指导课堂，让学生在此环境中再次燃起学习英语的热情，切实提高学生的英语能力水平，为其发展提供更好的学习环境及教育平台。

第三节 信息生态下的高校英语课堂创新

在全球化大背景下,自然生态概念渗透到各个领域,高校英语教学基于信息生态视域进行改革成为新课题。信息生态理论、信息教育技术和教育信息化战略作为信息生态视域下的产物,赋予高校英语课堂教学改革以时代价值。高校和相关教育主体应以此为切入点,从教育制度、教学内容、教学设计和教学评价等方面进行英语课堂创新。

在信息生态视域下,人与信息环境、自然生态是互动统一的关系,人与环境能够进行信息交换,促进环境中的要素发生改变,并逐渐实现在信息环境中的自我适应,最终实现系统均衡发展,其中包含两层含义:一是人在信息生态中的主体地位;二是信息技术改变人与环境。因此,高校英语课堂教学改革强调以学生为主体,强调信息技术的深度介入促进师生之间、人与人之间的知识流动,以及教学活动与学习环境的统一。这种统一涵盖的教学制度、教学内容、教学模式和教学评价等必要环节融合信息生态,形成教学创新的内生动力,合力形成高校英语课堂创新多元路径。

一、信息生态下高校英语课堂创新的必然性

西方学者于 20 世纪 60 年代围绕信息生态展开研究。1997 年托马斯·达文波特(Thomas H. Davenport)与劳伦斯·普赛克(Laurance Prusak)在其出版的著作中正式提出信息生态的微观层面定义,认为信息生态侧重以系统的角度为

出发点，分析不同现象发生时主体间的相互作用关系，并强调当分析与研究组织内部信息利用方式所产生影响的相关复杂问题时，应注重从整体视角开展研究的重要性。国内学者对信息生态概念的研究始于20世纪90年代，且从多种视角对信息生态展开了研究。虽然现有的研究成果从不同视角对信息生态进行了界定，但大多数学者一致认同信息生态是一门以生态学理论和方法为基础，探讨人、信息、信息环境三要素间的相互作用、相互影响的复杂关联性的新型科学。信息生态具备创新性、非线性、动态性、不可逆性及开放性。信息生态的5个特征突出了人在信息生态系统中的作用，体现了人作为信息主体对信息变化的能动反应和对动态发展的信息环境的适应能力，保证了信息生态系统适应信息化社会发展的动态规律，为进一步深入研究信息生态视角的相关问题提供了研究思路。

信息生态视域是高校英语课堂教学创新的新视野，信息生态理论、信息教育技术和教育信息化战略等新特征和新产物从主客观方面为英语教学改革提供了不同的条件，共同决定其创新的必然趋势。

（一）信息生态理论指导下智慧教育生态建设的客观要求

信息生态理论先从系统观和生态观角度为智慧教育的未来发展提供了新视角，以建设智慧教育生态为根本任务，以生态学理论和教育学理论为基础，构建包含教学思想层、教学实践层和社会支持环境层的教育生态系统模型，以促进教师和学生全面发展，强调人、技术与实践和谐互动为核心价值。该智慧教育生态具有虚实结合的特征，是"互联网+教育"时代教育改革的代表，技术与教育深度融合，产生智慧化的教学环境、课程形态、教学范式等，促使高校英语学科教学发生由内而外的变革。与此同时，智慧教育生态还具有开放共享性，这也为教学资源配置等提供了新方式。综合而言，信息生态理论下的智慧教育生态能够实现技术与教育服务融合、人与技术融合，以及实体空间与虚拟空间融合，这对高校英语课堂教学提出了客观层面的创新要求，在很大程度上决定了其改革的必然性。

（二）信息教育技术驱动下英语课堂教学标准的主观要求

信息教育技术是信息生态视域下的技术支撑，能够彰显时代特征。注重创新精神是高校英语课堂教学的基本理念，明确高校英语教学需探索有效的、适合大学生身心特征的、符合英语学科特点的学习方式，鼓励学生主动适应信息化教学环境，提高信息教育技术运用能力，要求教师应引导学生开展合作、探究学习，帮助学生学会检验自身学习态度、方法以及成果，养成自我反思和评价的习惯。学生在信息教育技术的驱动下，除了掌握课堂教学的英语基础知识，还应该养成英语逻辑思维，学会用英语处理实际问题，以提高英语综合运用能力。这需要英语课堂教学与时俱进、积极创新，从课堂教学形式、教学风格、教学软硬件技术等方面作出改进，发挥主观改革的积极作用和内生动力。

（三）教育信息化战略下高校外语教学发展的内在要求

教育信息化战略具有深刻的时代印记，现阶段的教育信息化战略正处在发展的关键期，高校外语教育经历了信息化辅助阶段和整合阶段，正在步入深度融合阶段，这决定了我国高校外语教学发展具有多方面的内在诉求。首先，随着国际战略的实施和国际地位的提升，国家对高校外语人才的要求越来越高，赋予了高校英语课堂教学创新跨学科性质；其次，我国高校外语教学环境整交互关系更加紧密，英语课堂教学从教学内容、教学资源等方面进行变革，是满足新时期外语教学发展的结果,是其内在要求的具体体现。

二、信息生态下高校英语课堂教学的不足

在信息生态视域下,高校英语信息化课堂教学创新速度加快,却在育人理念、激励机制、策略和评价等方面未能与信息化技术、手段等紧密结合,导致英语课堂教学的整体质量未能得到明显提升。

(一)教学目标简单化

"语言是文化的载体"这一真理在信息化时代的价值愈加凸显,环境和个人共同决定个体的重要性,以学生为中心的教育理念更加强调价值、情感等在教学中的作用。英语教学目标除了让学生掌握英语基础综合能力,更重要的是让学生掌握实用交际能力。然而目前许多高校只是在理念宣传阶段重视"以生为本",在实际英语教学中依旧坚持传统理念,忽视英语学科教学本身涵盖的多元价值观、情感教育等因素,造成教学目标简单化。这直接导致教师在课堂教学中围绕单一的教学目标展开教学,在教学过程中却依旧以考试内容为重点进行讲解,忽视对学生听说能力的培养。因此,学生的英语交际和实际运用能力依然较差,尤其无法满足市场对英语人才的需求。

(二)教学内容单一化

信息生态视域下的教学动机体现在以教材和数字教学资源为载体的教学内容中,以切实发挥动机激励机制的正向作用。目前高校英语教师所选择的教学内容依旧围绕教材进行,尤其是英语阅读教学和写作教学。少数英语教师运

用多媒体技术进行讲解，也仅是将教材内容进行提取，效果与单纯使用教材并无二致。究其原因，有些高校英语教师对信息化教育载体的认识仍停留在理论阶段，实操能力较差，不会运用信息教育资源激发学生学习的动机，思维被限制在教材中，筛选的数字教学资源以英文影视片段为主，这仅仅是教材内容的另一种表现形式，并未达到启发学生发散性思维的目的。进行发音和口语教学时，教师以英语语音教室为主要阵地，教学内容是纸质教材的数字化版本，涉及英语日常交流的内容少之又少，无法激发学生应用语言的积极性和主动性，致使英语教学丧失部分实用功能。

（三）教学计划模板化

信息生态视域下的高校英语教学自然而然被赋予信息化特征，彰显出灵活、个性和互动性等具体特点。因此，教学策略模式也应作出相应改变。然而目前高校英语教学策略模式整体沉浸在传统模式中，在口语、阅读、写作课程中，教师依旧习惯纠正学生的语法、用词等错误，导致教学计划千篇一律、教学策略模式单一。与此同时，部分高校英语教师教学策略创新力不足，直接将网络热门微课教学视频等优秀教学案例照搬到课堂中，或者将课堂大多数时间留给学生进行教学展示，使得部分教学资源无法在教学中发挥应有的作用。

（四）教学效果差异化不足

信息生态视域下高校英语教学理念、模式等的不断创新呼唤着评价体系的革新，而传统评价考核体系存在评价主体不够全面、评价形式单一、评价方式不足等问题。首先，教学评价主体是高校和教师，倾向于"权威性"，学生的主体性并未体现，违背了"以生为本"的理念，导致该教学观念无法落实到位。

其次,评价形式"应试性"是最突出的特征,依旧围绕考试通过率评判教学能力和效果,以此作为衡量教师和学生英语能力的主要指标,视语言测试为教学评价的全部,忽视了课堂表现和课后作业等内容,忽视了学生评估环节,针对性和个性化的评价内容严重缺失。

三、信息生态下高校英语课堂的创新路径

信息生态由外向内赋予高校英语课堂教学创新基调和要素,要求教学理念、内容、设计和考核等采取不同的创新方式,积极融合信息生态技术理念等,探索推进教学改革的成功路径。信息生态下高校英语课堂的创新路径可以包括以下几种(图5-2)。

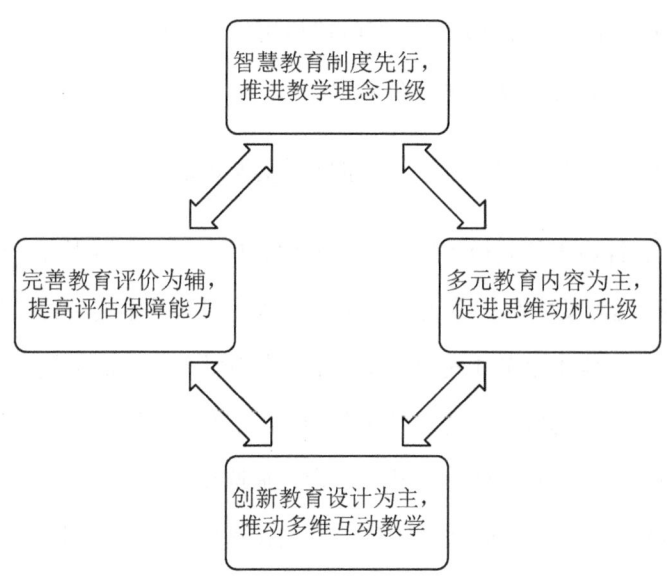

图 5-2 信息生态下高校英语课堂的创新路径

（一）智慧教育制度先行，推进教学理念升级

"制度先行"是实现有效性改革的必要途径，这一点在信息生态背景下也不例外。英语教学应承担语言教学和非语言教学的双重任务，创新英语教学的最佳方式之一就是融入并加强育人理念。高校是连接政府部门和教师等主体的关键点，应该在育人理念落实阶段加大监督力度，必要时出台具体制度，指明方向。教师要理解国家政策和高校制度，主动开拓创新，不断更新教学理念，将信息化教育理念与英语教育理念相结合，坚持开放化、主动化的态度，发掘育人理念的内涵，在实践中将理念进行升华，让理念"内外于心"。以先进理念为导向，高校和教师应形成合力，共同构建智慧教育制度，即结合现代教育技术、英语学科，以及其他学科，制定科学合理的理念落实标准，让教学有章可循，同时优化管理、培训制度，从总体上提升教师和参与全员的积极性和能动性，启发教师等教学主体在理念升级阶段运用信息教育技术发掘深刻的内涵价值，为构建智慧教育制度提供内在动力。

（二）多元教育内容为主，促进思维动机升级

信息生态视域下的高校英语课堂教学内容应具备信息化特征，保证教学资源高值使用。这就要求高校英语教师应将低值使用的教学资源转换为高值使用的教学资源。在具体操作过程中，教师在课堂教学之前应深刻发掘能够启发学生语言学习和探究思维的内容，将其进行提炼汇总，并围绕所提炼话题或者内容在信息教育平台、软件或者网站中检索、筛选相关的视频、音频、动画、新闻等，并精心运用数字动画或者图片等形式设置适当的启发问题，在课前上传到班级微信群或者教学平台中，以此激发学生主动运用数字教学资源进行内容检索的动机，使学生养成自主运用信息化资源探究语言知识以及文化的习惯。

随后，在课堂教学中，教师应给予学生展示机会，可以创设人机对话场景，以此推进学生主动应用英语进行交际的能力，形成语言学习的主动性思维，无形中促使思维动机与多元教学资源相融合，促进平衡教学生态的形成。

（三）创新教育设计为主，推动多维互动教学

信息生态视域下的高校英语教育设计根据社会和人的发展需求，对教育实施提出具体规划，是将一般教育理论应用于教学实践的过程。这就要求高校教师应更加重视信息化教育设计的创新，重点考虑利用信息化平台创设真实语言环境的方式，尤其注重教师与学生、学生与场景之间的互动交流，将培养学生跨文化交际的目标融入教学设计中，进而落实到课堂教学中。教师还应强化师生互动和生生互动活动设计能力，将较为理论化的知识转化为场景对话、即兴表演等形式，展现"寓教于乐"的技巧，将成功的案例转化为慕课、微课的形式，作为学生课后自主学习的材料，为满足学生自主学习的需求提供实践案例，促进其对语言学习的持续认知和探究。在此基础上，教师可以创新听说读写综合能力的考查形式，或者设计课堂小竞赛，增加学生的荣誉感，助推多维互动共生教学生态的形成。

（四）完善教育评价为辅，提高评估保障能力

信息生态视域下高校英语课堂教学以信息化手段为主导的线上线下评价模式，能够为教学主体提供多种评价载体，提高评价效率，为教学其他环节节约时间等成本，无形中促使教师提升教学能力。高校应将评价软件或者系统内置于教学多媒体设备中，保证教学主体在教学环节使用便捷。还可以建立教师成长档案，通过开通网上直播等功能，以及"名师在线"等专栏，定期展开英

语课堂教学评比活动,将评比结果和教师管理、考核体系相结合,保证评价标准科学化。同时,学生作为评价的重要主体之一,应设立专门的评价系统、评价标准,以保证评价结果更加全面。值得注意的是,学生评价应真正得到落实,必要时教师和其他主体充当学生评价的媒介,以保证评价有序开展,为教学其他环节提供有针对性的指导。评价方式除了过程性和终结性评价,还可以融入诊断性评价,用分层性教学评价和学生自主学习平台促进整个评价体系朝着现代化方向进行变革,发挥评价体系的保障能力。

信息生态视域下的高校英语课堂教学需要立足自然、生态和信息化建设的角度,建设教师、学生、教学活动和教育环境相统一的课堂教学生态。高校、教师等相关主体应深刻意识到教学理念、教学内容、教学设计和教学评价等方面的不足,以先进的教学制度为突破口,创新教学内容、模式等具体过程,并及时更新评估体系,促进高校英语教学更好地发展。

第四节 开放式英语课堂构建与创新策略

在高校英语教学过程中,英语既是教学内容,也是教学媒体。开放式的英语课堂是提高学生英语综合运用能力的重要举措。随着全球化步伐的不断加快,我国的经济、教育等方面也在不断与国际接轨。教育的国际化要求英语教学要更加情景化、形象化、交际化,同时也要向学生主体化的方向转变。传统英语教学模式是以"三中心观"为主要宗旨的,而所谓的"三中心观"就是教学以课堂、教师、教材为中心。但是，在现代教育趋向国际化的大背景下，这种传统封闭式的教学模式显然已经不能够适应时代发展的需要。

开放教学亦称"开放课堂"，是一种不分班级的学校教学（育）形式。实施此种教学的根据是认为教学质量与教学空间之间存在着联系。开放教学的一般做法：学校将全校学生集中于一个大教室、大厅中，不按能力、年级分组，允许学生在教室内几个"兴趣区"里按各自的兴趣和需要采用不同学习速度、不同学习方式，学习不同内容。教师的任务在于创造一种令学生喜爱的环境并对学生进行引导、鼓励和帮助。开放教学是指以知识教学为载体，把关注人的发展作为首要目标，通过创造一个有利于学生生动活泼、自主的教学环境，给学生提供充分发展的空间，从而促使学生在积极主动的探索过程中，各方面素质得到全面发展。可以说开放式教学不仅是一种教学方法、教学模式，更是一种教学理念，它的核心是以学生的发展为本。

开放式英语教学要求教师在进行课堂教学时做到：不断激发学生学习英语的动力与活力，让他们的心态、思维处于开放的状态；充分考虑学生的多样性与多变性；不拘泥于英语教材、教案，教学方法、评价学生的方法要多元化；在与学生进行多向交流的基础上，通过他们的反馈，不断调整课堂教学过程。开放式教学侧重最大程度发挥学生的主体作用，扩展其学习外延，为不同层次的学生提供在学习上自由发挥的空间。开放式教学与传统意义上的封闭式的教学活动是不同的，因为它不是以往的教师讲学生听、教师问学生答的僵硬过程，而是以开放式的个别化的学习为主，以诱导、启发、讨论等多种活泼的创新的教学手法来完成课堂教学活动。开放式教学主张以学生本身为主体，以教师为主导，为学生提供开放的教学空间，充分利用各种现代化教学设施来创设一种自由、平等、和谐的学习氛围，从而保证每个学生学习的积极性和主动性。

一、开放式英语课堂构建的必要性

随着我国高校英语课程改革的不断深入,传统英语课堂教学模式的弊端也日益凸显出来。长期以来,英语教师备课是否认真、讲课是否有条理被看作评判英语教师教学水平的重要标准。在课堂上,英语教师通常会反复讲解英语单词、语法,甚至会在课堂上一字不漏地翻译英语课文,而学生们也大多忙于记笔记,根本没有思考与充分吸收的余地。这种单一、枯燥的课堂学习氛围,无疑会让喜欢寻求新鲜感的学生逐渐丧失学习英语的激情与动力。在这种模式的影响下,高校的师生很容易陷入误区:英语知识需要死记硬背。这样一来,传统的英语课堂教学模式就会不利于学生学习潜能的充分发挥,同时也会影响他们英语听说水平的提高,最终阻碍高校英语教学目的的实现。相比之下,开放式的英语课堂教学打破了课堂上以教师为中心的格局,一切教学活动都是为了提高学生的英语学习兴趣,让他们在互动的过程中领悟到学习英语的快乐。

开放式的英语课堂教学是适应英语新课程改革需要的一种多元化、多手段、多角度的主动学习的教学模式。学习任何一种语言的目的都是应用,也只有把语言应用到实际生活中,才能够说实现了语言的真正意义,当然,英语也不例外。在英语学习课堂上,开放式的教学模式能够丰富课堂的学习内容,增强师生之间的交流与互动,实现语言实践的目的。除此之外,开放式的英语课堂教学也能够更好地满足高校学生们多样化的英语学习需要。新课程标准的改革根本就在于改变学生被动、单一的接收式的学习方式,而开放式的英语教学无疑是有利于培养学生英语综合应用能力的自主型、探究型以及合作型的学习方式。

二、开放式英语课堂的构建与创新策略

在高校英语课堂教学中采用开放式的教学模式是非常有必要的,下面从师生关系、语言环境、教学内容、主体作业、教学方法等方面具体阐述高校开放式英语课堂的构建与创新策略。

(一)建立开放式师生关系

在传统的课堂教学中,学生与教师都不是无拘无束、"自由呼吸"的姿态,因为传统的师生关系属于从属型的,教师拥有绝对的权威。在高校英语课堂中,要想推行开放式的教学,首先要做的就是建立一种民主、和谐、平等的开放式师生关系。在课堂上,教师尊重并且真诚、平等地对待每一位学生,与学生进行互动,给予学生足够的自由空间,这样才能让师生双方的关系达到和谐。开放式的师生关系是一种"以学生为主体、以教师为主导"的新型师生关系。在实际课堂教学活动过程中,英语教师要坚持学生的主体地位,做好引导者、组织者、合作者的工作。不仅如此,开放式的师生关系还体现在教师与学生之间的情感共鸣方面。

需要明确的是,英语课堂教学活动不仅仅是教师与学生之间交流信息的简单过程,更是双方情感实现融合的过程。在平等、自由的课堂氛围里,英语教师有了更清晰的角色定位,也有了更加明确的教学目标,学生的学习负担、学习压力也会相应减少。教师与学生一同带着愉快、轻松的心情学习英语,自然也就容易调动起学习英语的积极性与主动性。教师的一言一行都会对学生产生很大影响,所以在英语课堂上,教师流利的英语口语、美观的板书都会不同程度地激发学生的学习兴趣。

（二）创设开放式语言环境

成功学习一门语言的关键就在于是否具备良好的语言学习环境。开放式的语言环境就是指在学生学习英语的时候，教师要注重教与学的互动，而不是让学生一味地被动接收。同时，师生之间可以通过沟通与交流，分享彼此有关英语学习的知识、经验、观念等，从而达到共享的和谐状态。创设开放式的语言环境，有助于引导学生勇于说出自己的想法。首先，教师在开始课堂教学设计的时候，要充分考虑到个体之间的差异性，鼓励每一位学生发表自己的见解。此外，教师还应提倡讨论式与合作式的学习方式，让学生不仅与教师进行互动交流，而且与其他同学进行互动沟通。其次，情景导入也是在高校课堂教学中创设开放式语言环境的重要举措之一，因为情景导入会帮助学生融入所学习的状态中，让学生有身临其境之感。最后，创设开放式的语言环境可以为学生提供一个全面开放的英语实践环境。

（三）设计开放式教学内容

开放式教学内容就是把学习的主动权交给学生，由学生根据自身的英语水平自主地选择将要学习的英语内容。当然，开放式的教学并不是说教师不管不问，开放式教学对英语教师的要求更高。在进行开放式教学内容设计时，教师要在充分了解学生实际情况的基础上，针对不同英语层次的学生设计出不同的学习方案。设计开放式的英语教学内容，要求教师具备深厚的专业能力与组织能力，以尽可能照顾到每一位学生。

（四）设计开放式主体作业

开放式的主体作业不仅可以让英语教师更加清楚地了解教与学的实际情

况，方便安排教学进程，而且有助于调动学生的学习热情。具体而言，作业类型往往可以分为必做作业、选做作业以及拓展作业。必做作业的主要要求是对一些基础性知识的掌握。对于这些基础性的英语知识，教师可以让学生反复记忆。选做作业是在学生完成必做作业之后，英语教师根据学生个体的学习情况布置的作业。选做作业有助于激发学生的求知欲。拓展作业指的是为了进一步培养学生学习英语的兴趣，提高英语综合应用能力，更好地发挥学生自主学习能力而设计的作业形式。拓展作业是英语课堂教学的外延。

总而言之，开放式英语课堂教学不仅是课堂教学改革的需要，更是提高学生英语综合运用能力的必然要求。为了能够更好地构建开放式英语课堂，高校教师应积极主动地从各个方面为学生提供开放式的学习环境，从而让学生真正成为学习的主人。

（五）创新开放式教学方法

随着教育事业的不断推进，新型的教学方式层出不穷，要实现开放式英语课堂的创新发展，仅仅依靠几种单一的教学方式是不够的。情景创设教学法在英语课堂构建中的作用毋庸置疑，教师需要以情景创设为主，灵活添加游戏化教学、生活化教学、故事导入等多种教学手段，为学生构建一个开放式的语言学习环境。英语的实践教学同理论教学一样重要，以生活化的情景，为学生模拟一个真实的语言环境，通过学生在环境中的自主学习探究，提高学生的自学能力，提升学生的英语素养。同时，教师也可鼓励学生多看一些英语原声类的影视剧和电影，多听一些英文歌曲，读一些英文数据，让学生更全面地接触实际环境。

作为一门语言类学科，实用性和工具性是英语的重要特性之一，学生必须且只有通过多频率、高质量的英语交流沟通，才能提升自己的英语应用能力。

开放式英语课堂的核心理念是思维开放、语言开放，而这些都依赖于教师前期的学习氛围构建。教师可营造一个和谐、轻松、愉悦、平等、自由的语言交流环境，使学生在课堂中无拘无束地发散自己的思维，针对问题尽情地思考和讨论，有效开展小组合作等交流学习。

教学评价对开放式课堂的创新改进有着重要意义，要根据教学目标和教学内容，同步采用多种评价方式，如师生互评、教师评价、生生互评、学生自评等，打破传统教学评估过于单一封闭的格局，营造一个多样、灵活、开放、全面的评价体系，让学生能够对自己的表现和能力得到一个公正客观的认知。而开放式的主题作业是开放式英语课堂的另一指导因素，以必做作业、选做作业、拓展作业为分类方式，结合基础语言知识，以巩固、提升、拓展为目的，灵活考查学生的学习情况、学习态度、学习方式、学习过程和学习效果等。

总而言之，开放式英语课堂的构建和创新，打破了传统教育中"以教师为中心、以教材为中心、以课堂为中心"的固化格局，激发了学生的主观能动性，强调了学生的主体意识，有助于提高学生的英语综合应用能力，有助于提升学生的英语素养。

第五节　微时代背景下英语移动教学课堂创新

这几年，移动教学发展迅速，以平板电脑、智能手机为代表的移动终端设备的大面积推广应用使得移动教学成为课堂学习的有力补充方式。以电信网络运营商、校园网络平台、学习资源网站为代表的多种形式的网络资源给移动教学带来了前所未有的良好条件。现代社会信息量增多，人们在有限的时间和空间范围内不能够有效完成学习内容，于是零散的时间和移动的空间就成为一种补充。这就为移动教学提供了主观环境。学习的强烈愿望促使人们寻找充分利用业余时间学习的方式。最早的移动教学是使用非电子介质的载体，比如书本、笔记、纸条等，随着通信技术和移动技术的发展和广泛的应用，移动教学也得到了大跨越式的兴起和发展。

移动学习（Mobile learning, M-Learning）是指利用无线移动通信网络技术及设备，使学习者能够在任何时间、任何地点、以任何方式发生的学习。近些年来，随着它的迅速发展与高科技时代对高等人才培养要求的提高，如何将基于无线移动设备的移动学习与大学英语教学有效结合起来，创建一种以新技术手段为基础的移动教学，已经成为各高校的关注热点，也是众学者潜心研究的热门课题。

2001 年英国、意大利和瑞典三个国家的五个组织共同提出了使用移动技术为他们提供教育服务的设想，由此产生了耗时三年的 M-Learning 移动学习项目，首次将"移动学习"这一概念带入了人们的视野，引发了学者对其进行研究的热潮。而一直在远程研究领域处于领先地位的斯坦福大学也相继研发出了几种较为简单的 M-Learning 原型，试图用移动电话来进行大学语言教学。我国对移动学习的研究主要集中在学习模式与移动终端设备这两方面，移动学习模式主要有 SMS（Short Message System，短消息系统）模式，MMS（Multimedia Message Service，多媒体信息服务）模式，基于浏览、链接的模式和存储携带模式这四种。但是，笔者发现将移动学习与各学科，尤其是大学英语进行整合研究的文章并不多。

随着 2006 年世界上第一家微博客网站 Twitter 的成立与 2011 年初腾讯公司微信平台的推出，人们迎来了真正意义上的微时代。目前，微博、微信等微时代产物不仅在政治、经济等方面发挥了巨大的作用，而且在教学方面逐渐被各高校教师应用，成为一种有效的教学新模式。

一、微时代下的高校英语移动教学

移动教学，也叫移动学习，是近些年逐渐发展起来的一门新兴学习与教育理论，指的是教师和学生通过使用依托于无线移动网络存在的移动设备而实现的一种交互式教学活动。具体而言，就是将多媒体技术与互联网络应用于各种高端的无线移动设备（例如手机、平板电脑等）中，从而构建一个新模式的教学平台，使教师与学生之间能够随时进行学习培训与交流的一种新型远程教学活动。在该教学活动中，教师可随时发布一些学习资料，让学生们随时随地获得学习资源，从而达到有效学习与自主管理的目的。

微时代的移动教学是指借用微博、微信等微时代产物实现的移动教学方式。随着新浪、搜狐、网易与腾讯等门户网站的开启与微博、微信、微电影等平台的兴起，我们已经进入微时代。虽然微时代产物的主要用途是传播信息，但是人们利用其来获取知识这一现象也是显而易见的。这表明微时代产物蕴藏着巨大的学习潜能，因而利用其进行移动教学是可能的。另外，随着网络微博、手机微信的推广，人们使用网络微博、手机微信的机会和时间越来越多，越来越多的学习者将乐于使用它们进行学习。微博、微信等移动学习方式也越来越受到大多数人的认可。

二、微时代移动教学在高校英语教学中的应用方式

针对移动学习在英语教学中的应用,在上述原则的支配下,研究者提出了许多基于移动学习终端的应用模式和学习方式,其中应用最广泛,影响最大的移动学习模式主要有基于短消息交互的模式、基于连接浏览的模式、基于视频通话交互的学习模式等。微时代移动教学在高校英语教学中的应用方式可归纳为以下四种。

(一)替代型方式

移动技术作为一种工具,替代传统教学方式,如利用手机的笔记软件功能,进行听写练习。移动技术作为工具替代传统的教学方式,教学媒介从有形的纸笔转变为手机的笔记软件以及基于网络的短信发送平台,但是听写练习这一原有教学方式和基本教学功能并没有改变。

(二)拓展型方式

移动技术通过拓展传统英语教学方式,拓宽学习的外延。例如,学生在课堂内外用手机笔记软件,进行短文字写作练习,创作短故事接龙,再上传到网上教学平台或移动教学资源平台,大家浏览点评。移动技术为写作教学扩展了新路径,为学生在课堂内外的互动交流中构建真实的语言学习环境,激发了学生的学习兴趣。上传作品供大家点评,增加了学生在体验中再次学习的机会,增加了课堂教学中的可用资料,调动了学生的学习积极性,巩固并优化了教学效果。

（三）优化型方式

基于移动技术，还可以优化语言教学模式，设计新型教学任务，如短信阅读活动。在课堂阅读教学中，教师可即时发送故事，让学生读后根据内容进行口语讨论或续写故事等课堂活动。在课外的阅读教学中，教师根据需要将长文本编辑成多个短文本，或选择简短的英语系列故事，通过短信群发平台，每天定时定量向学生发送，让学生在课下进行阅读，以提高课堂教学效果。优化型教学任务还包括使用移动设备进行录音练习。在课堂上，教师可将学生分成两人小组，让其使用手机录音或录像功能进行口语练习。学生用手机录音或录像后对各自的口语作品进行自评和互评，根据同伴的意见重录，再上传到网络平台。教师点评推荐好的作品，大家分享学习。这种真实的互动交际式口语活动通过移动设备，以网络和手机为媒介得以实现。

（四）创新型方式

创新型方式是指基于移动技术，设计只在移动环境下才能完成的教学任务。创新型方式革新了传统教学方式，深化了英语教学内涵，在移动环境下重新界定学习的概念。

三、微时代移动教学在高校英语教学中的应用原则

（一）构建资源平台的原则

运用微博、微信等微时代产物进行高校生英语移动教学并不是无条件的，而要遵守一定的构建原则。第一，资源平台的构建者必须清楚移动教学的特征，

设计教学任务时需充分结合体验式学习、讨论式学习、协作学习、自主学习、个性化学习、在线学习、离线学习等多种方式，以便于学习者能够随时随地完成各项学习任务，取得最佳学习效果。第二，由于学习者是在相对移动的过程中进行学习，外部环境对他们注意力的集中会有一定的影响，因而教师要尽量结合图像、音频、视频等形式设计些短小却相对独立的学习内容，并保证每次上传更新的学习资料不过多。

（二）教学活动阶段的开展

教师可对学生进行简单的微信应用技术培训，要求其加入微信群，搭建微信群平台。然后，教师在此平台上随时发布口语任务、英文视频，进行师生答疑，相互交流最近见闻与趣味话题等，以拉近师生距离，为课堂教学做准备。在活动开展过程中，教师也可邀请其他任课教师加入此平台，使教师在了解这种新教学模式的同时给出不少好的建议。

具体活动的开展主要包括微信口语任务与学习资源的发布和微信群组互动小组式学习。教师往往在快下课时布置作业，学生抄写时间仓促，且容易忘记。如果教师能在微信平台上发布作业，就能很好地解决上述问题。而且教师可以利用微信发布英文短视频，要求学生随时随地跟读模仿。学生可以将自己的跟读模仿视频发送到微信群组中，由其他同学评价并投票，教师也可挑选出优秀作品在上课时播放。这种学习形式新颖有趣，能极大调动学生练习口语的积极性。在公众平台上，教师也可发布众多的学习资源，让学生通过手机终端登录该平台后，共享里面的学习内容，为学生合理利用零碎的时间做好课前准备提供了可能。微信移动教学的另一个特点是进行群组互动小组式学习。教师可以随时在群组里与学生进行学习交流，在督促他们进行英语学习的同时也可以为他们解决学习上的疑惑。这种方法有效地加强了师生间的联系。学生也可以在微信平台上建立自己的讨论小组，针对每次教师上课的内容或课后的作业进行互动小组式讨论，避免了因时间不统一而没办法聚在一起面对面讨论问题的难题，而且这种方式有利于记录讨论内容，方便学生自己多次回顾知识内容。

（三）教学成果总结阶段

微信移动教学实验取得了一定的教学成果，概括总结出来可分为三点。首先，实验对象的学习积极性得到了提升。利用微时代产物等工具平台开展教学活动，构建一种新的移动教学模式，让学生从传统的"教师讲—学生听"的课堂模式中走了出来，大大地提高了他们学习英语的兴趣。其次，师生间的关系变得更加融洽。根据实验对象的反馈意见，他们现在不再只是在课堂上和教师进行交流，在课外他们也能随时随地与教师聊天，询问学习方法，探讨学习技巧，并且他们觉得课外的交流更让他们轻松自在。最后，实验对象使用英语交流的机会增多，课外练习英语口语的途径也得到了拓展。大多数学生都能在课余碎片化的时间里利用自己的移动设备登录平台，获取大量的学习资源，并进行口语测验。

在高校英语教师和学生之中普及高校英语移动教学模式，创建"微平台"学习系统并不容易。要不断完善这类新的教学形式，首先需要构建者精心设计英语学习体系和学习资料。一个完善的英语移动学习系统应该包括以下八个部分：听力部分、口语部分、词汇部分、阅读部分、语法部分、测试部分、答疑部分和工具部分。教师应该根据自己的上课内容设计些短小精悍却独立成体系的学习内容，让学生根据自身需要和水平进行学习。而且，各大高校应该扩大无线网络的覆盖率,加快无线校园网的使用速度,让学生们在校园中不受网络的约束,能随时随地打开自己手中移动设备中的"微平台",进入学习系统中。

由于移动设备的普及和微时代的到来,微博、微信等微时代产物已经逐渐被运用到教学中,形成了一种新的教学模式。相较于传统的课堂教学,微时代的高校英语移动教学模式在激发学生的学习兴趣、增强师生联系及促进师生间关系融洽等方面发挥了巨大的作用。这对高校英语教学质量的提高大有裨益,对于高校英语教师而言,这既是一种机遇,又是一种挑战,需要教师付出更多的经历和时间去组织教学活动。

参 考 文 献

[1] 陈璐.多模态话语分析在高校茶叶英语词汇教学中的应用[J].福建茶叶，2017，39（06）：346.

[2] 程文华.高校英语教师课堂教学中的专业学习模式研究[J].外语教学与研究，2012，44（6）：912-924，961.

[3] 程晓娇.信息生态视域下高校英语课堂教学创新路径探析[J].福建商学院学报，2021，（02）：96-100.

[4] 程谢，杨蔚.高校课堂中逆向思维对英语翻译教学的启示[J].山西青年，2021，（17）：23-24.

[5] 杜红云.高校英语课堂中教师教学智慧的生成与彰显[J].内蒙古师范大学学报（教育科学版），2020，33（02）：87-91.

[6] 杜兴芸.探究课堂教学与媒体英语自主学习整合对策[J].福建茶叶，2020，42（04）：177-178.

[7] 范朝秋.高校开放式英语课堂构建与创新策略研究[J].读书文摘，2019，（12）：142.

[8] 符雪喜.基于"课内+移动学习"模式的高校英语教学研究[J].广西师范大学学报（哲学社会科学版），2016，52（04）：140-144.

[9] 郭汉存.试论基于"互联网+"思维模式下的高校英语教学[J].校园英语，2017，（16）：32.

[10] 郭赟.多媒体网络环境下的大学英语课堂教学现状研究[J].内蒙古师范

大学学报（教育科学版），2018，31（03）：103-106.

[11] 韩春晖.高校综合英语多模态教学模式的构建[J].英语广场，2018，（03）：84-85.

[12] 韩俊秀，吴英华，贾世娇.任务型学习法与高校英语教学[M].广州：广东旅游出版社，2019.

[13] 胡艳.浅析文化背景知识对大学英语阅读教学的影响[J].英语广场，2022（2）：86-88.

[14] 华芳，姜华，米晨晨.混合式教学模式下高校英语课堂中的文化导入——以茶文化为例[J].福建茶叶，2021，43（01）：139-141.

[15] 黄桂香.高校商务英语教学中智慧课堂平台雨课堂的混合式教学模式探究[J].福建茶叶，2019，41（04）：99-100.

[16] 李郁，张蕴.大学英语课堂教学改革新探[J].继续教育研究，2013（05）：147-149.

[17] 刘芳.高校英语生态化课堂建设研究[J].教育理论与实践，2021，41（27）：62-64.

[18] 刘欢.基于微课的翻转课堂英语教学模式研究[J].福建茶叶，2020，42（01）：155-156.

[19] 刘慧.英语微课教学模式下大学生自主学习能力发展的实证研究[J].黑龙江教师发展学院学报，2020，39（06）：136-138.

[20] 刘秀梅.大数据时代大学英语课堂教学评价体系的构建[J].现代教育技术，2016，26（01）：94-99.

[21] 刘煜丽.大学英语阅读教学中的文化渗透探究[J].佳木斯职业学院学报，2022，38（04）：77-79.

[22] 卢丽虹.高校英语教师对课堂教学评价标准的理解[J].开放教育研究，2011，17（04）：79-83.

[23] 吕丽红.高校开放式英语课堂构建与创新策略研究[J].鄂州大学学报，2018，25（06）：68-69.

[24] 石慧.浅谈现代教学思维模式在大学英语课堂教学中的作用[J].才智，2015，(22)：188.

[25] 孙永波.高校英语教学课堂管理探讨[J].教育探索，2011（12）：79-80.

[26] 汤海丽.高校英语信息化教学改革与微课教学模式探究[M].北京：冶金工业出版社，2018.

[27] 唐君.高校英语信息化教学研究[M].北京：中国国际广播出版社，2018.

[28] 王群.基于创新思维培养的大学英语课堂教学改革研究[J].当代职业教育，2014，(08)：13-15.

[29] 吴艳花."互联网+"思维模式下高校英语教学探讨[J].山西青年，2018，（24）：282.

[30] 郑璞玉，安桂芹.论高校英语教学翻转课堂的信息化建设[J].黑龙江高教研究，2017（02）：153-155.

[31] 朱敏华，严敏芬.多元识读背景下的英语课程设计研究[J].中国教育学刊，2015（8）：79-81.

[32] 朱晓萍.信息化时代高校英语课堂教学创新改革——评《信息化时代高校英语教学研究》[J].中国高校科技，2019（12）：1.